Langenbeck

Übungen zur Kosten-
und Leistungsrechnung

 Online-Version inklusive!

Stellen Sie dieses Buch jetzt in Ihre „digitale Bibliothek" in der NWB Datenbank und nutzen Sie Ihre Vorteile:

- ► Ob am Arbeitsplatz, zu Hause oder unterwegs: Die Online-Version dieses Buches können Sie jederzeit und überall da nutzen, wo Sie Zugang zu einem mit dem Internet verbundenen PC haben.

- ► Die praktischen Recherchefunktionen der NWB Datenbank erleichtern Ihnen die gezielte Suche nach bestimmten Inhalten und Fragestellungen.

- ► Die Anlage Ihrer persönlichen „digitalen Bibliothek" und deren Nutzung in der NWB Datenbank online ist kostenlos. Sie müssen dazu nicht Abonnent der Datenbank sein.

Ihr Freischaltcode: **KVBAMBXJPLYAHLTFYW**

Langenbeck, Übungen z.Kosten-u.Leistungsrechnung

So einfach geht's:

① Rufen Sie im Internet die Seite **www.nwb.de/go/online-buch** auf.

② Geben Sie Ihren Freischaltcode ein und folgen Sie dem Anmeldedialog.

③ Fertig!

Die NWB Datenbank – alle digitalen Inhalte aus unserem Verlagsprogramm in einem System.

NWB Studium Betriebswirtschaft

Übungen zur Kosten- und Leistungsrechnung

- ► Grundlagen
- ► Vollkostenrechnung
- ► Teilkostenrechnung
- ► Plankostenrechnung
- ► Prozesskostenrechnung
- ► Zielkostenrechnung

Von
Dipl.-Betriebswirt Jochen Langenbeck

2., überarbeitete Auflage

Kein Produkt ist so gut, dass es nicht noch verbessert werden könnte. Ihre Meinung ist uns wichtig! Was gefällt Ihnen gut? Was können wir in Ihren Augen verbessern? Bitte verwenden Sie für Ihr Feedback einfach unser Online-Formular auf:

www.nwb.de/go/feedback_bwl

Als kleines Dankeschön verlosen wir unter allen Teilnehmern einmal pro Quartal ein Buchgeschenk.

ISBN 978-3-482-69461-5 (online)
ISBN 978-3-482-58682-8 (print) – 2., überarbeitete Auflage 2011

© NWB Verlag GmbH & Co. KG, Herne 2008
  www.nwb.de

Satz: Griebsch & Rochol Druck GmbH & Co. KG, Hamm
Druck: Stückle Druck und Verlag, Ettenheim

VORWORT

Mit diesem Übungsbuch können Sie Ihre Kenntnisse der Kostenrechnung in Industrie und Handel bei der Bearbeitung von 112 Aufgaben prüfen und erweitern.

Das Buch ist gegliedert in die Teile A: Aufgaben, B: Lösungen und C: Arbeitsblätter.

A: Aufgaben: Bei Auswahl und Aufbau der Aufgaben wurde großer Wert auf die Praxisnähe gelegt und auf die Vermittlung zusammenhängender betrieblicher Abläufe. Deshalb werden auch die in Seminaren zur Kostenrechnung oft vernachlässigten „Grundlagen" an der Schnittstelle zwischen Finanzbuchhaltung und Kostenrechnung abgefragt. Ein Schwerpunkt liegt bei der Teilkostenrechnung, weil deren Beherrschung für das Verständnis des Kostenverhaltens von zentraler Bedeutung ist.

Die Aufgaben wurden vier Typen zugeordnet:

*   einfach und wenig zeitaufwändig
**   einfach, aber umfangreich
***   schwierig, aber wenig zeitaufwändig
**** schwierig und umfangreich

B: Lösungen: Insbesondere zu den Textaufgaben werden teilweise Lösungsvorschläge angegeben, neben denen andere oder erweiterte Lösungen richtig sein können. Bei den Rechenaufgaben ist die Aufgabenstellung so ausgelegt, dass weitestgehend mit glatten, übersichtlichen Zahlen zu arbeiten ist.

C: Arbeitsblätter: Zu Aufgaben, für deren Bearbeitung auch in der Praxis oft Formulare zur Verfügung stehen, werden Arbeitsblätter angeboten. Der Autor empfiehlt, die Arbeitsblätter zu kopieren und dabei entsprechend den persönlichen Erfordernissen zu vergrößern. Damit lässt sich weniger Nutzen bringende Schreibarbeit einsparen.

Lesern ohne Vorkenntnisse aus der Kostenrechnung wird die vorhergehende oder parallele Lektüre des Lehrbuches *Langenbeck, Kosten- und Leistungsrechnung,* empfohlen.

Bochum, im Januar 2011   *Jochen Langenbeck*

INHALTSVERZEICHNIS

		Seiten
Vorwort		V
Inhaltsverzeichnis		VII
Abkürzungsverzeichnis		XIII

	Auf- gabe	Lö- sung	Arbeits- blatt
Teil A: Aufgaben			
I. Grundlagen	1	65	141
1. Erstellen der Ergebnistabelle, Abstimmungsmöglichkeiten, Beurteilung der Erfolgssituation **	1	65	141
2. Erstellen der Ergebnistabelle, Beurteilung der Erfolgssituation I **	2	66	142
3. Erstellen der Ergebnistabelle, Beurteilung der Erfolgssituation II ***	2	68	143
II. Kostenartenrechnung	4	70	144
1. Nominale und substanzielle Kapitalerhaltung *	4	70	
2. Bilanzielle und kalkulatorische Abschreibung **	4	70	144
3. Ermittlung und Verrechnung kalkulatorischer Zinsen **	5	71	144
4. Auswirkungen der sechs kalkulatorischen Kostenarten auf Gesamtergebnis und Betriebsergebnis **	5	72	145
5. Verrechnung verschiedener Kosten- und Leistungsarten in der Ergebnistabelle I **	6	72	146
6. Verrechnung verschiedener Kosten- und Leistungsarten in der Ergebnistabelle II **	6	73	147
7. Ausgabenwirksame Aufwendungen und tatsächlich verursachte Kosten **	7	74	148
8. Ermittlung von Verrechnungspreisen ***	7	75	
9. Auswirkung von Verrechnungspreisen auf die Ergebnisse **	7	76	149
10. Ermittlung von Verbrauchsabweichungen bei Anwendung von Verrechnungspreisen **	8	76	
11. Periodenabgrenzung I **	8	77	150
12. Periodenabgrenzung II **	8	77	
13. Periodenabgrenzung III **	9	77	
14. Ergebnistabelle unter Einbeziehung von Verrechnungspreisen **	9	78	151
III. Kostenstellenrechnung	11	79	152
1. Ermittlung der Selbstkosten des Umsatzes **	11	79	
2. Von der Ergebnistabelle zur Gesamtkostenrechnung ****	11	79	152

	Auf-gabe	Lö-sung	Arbeits-blatt
3. Datenfluss bei Lagerentnahmen vom Beleg bis zur Kostenstelle ***	14	81	
4. Erstellung eines einstufigen Betriebsabrechnungsbogens und der Gesamtkostenrechnung **	14	82	154
5. Erstellung eines einstufigen Betriebsabrechnungsbogens und der Gesamtkostenrechnung aufgrund von Listen aus Hauptbuchhaltung und Nebenbuchhaltungen ****	17	83	155
6. Erstellung eines mehrstufigen Betriebsabrechnungsbogens und der Gesamtkostenrechnung aufgrund von Listen aus Hauptbuchhaltung und Nebenbuchhaltungen ****	19	84	157
IV. Kostenträgerrechnung	24	87	159
1. Von der Erfassung der Gemeinkosten in der Finanzbuchhaltung bis zur Verrechnung auf die Kostenstellen und Kostenträger ***	24	87	
2. Aufgaben der Kostenträgerzeitrechnung und der Ergebnisrechnung ***	24	87	
3. Ermittlung der Über- und Unterdeckungen sowie des Betriebsergebnisses im Kostenträgerblatt ***	24	88	159
4. Ermittlung der Selbstkosten des Umsatzes *	25	88	
5. Zuschlagskalkulation und Bestandsveränderungen ***	25	89	
6. Sondereinzelkosten des Vertriebs in der Zuschlagskalkulation *	26	90	
7. Auswirkungen der Veränderungen bei Kosten und Leistungen auf das Ergebnis ***	26	90	
8. Nachkalkulation zu Sollkosten **	26	90	
9. Verkaufskalkulation in der Industrie *	27	91	
10. Entscheidung über Eigenfertigung oder Fremdbezug in der Vollkostenrechnung ***	27	92	160
11. Mehrstufiger Betriebsabrechnungsbogen, Kostenträgerzeitrechnung und Kostenträgerstückrechnung ****	28	93	161
12. Anlässe und Arten der Kostenträgerstückrechnung *	33	96	
13. Divisionskalkulation *	34	96	
14. Zweistufige Divisionskalkulation mit Bestandsveränderungen ***	34	96	
15. Mehrstufige Divisionskalkulation ***	35	97	164
16. Einstufige Äquivalenzziffernkalkulation I ***	35	97	165
17. Einstufige Äquivalenzziffernkalkulation II ***	35	98	165
18. Mehrstufige Äquivalenzziffernkalkulation ****	36	98	165
V. Kalkulation im Handel	37	100	167
1. Angebotsvergleich *	37	100	
2. Absatzkalkulation als Vorwärtsrechnung ***	37	100	167
3. Absatzkalkulation als Rückwärtsrechnung ***	38	100	167

		Auf- gabe	Lö- sung	Arbeits- blatt
VI.	**Kostenrechnungssysteme** Zu diesem rein theoretischen Kapitel im Lehrbuch sind keine Aufgaben vorgesehen.			
VII.	**Teilkostenrechnung**	39	103	168
	1. Teilkostenrechnung *	39	103	
	2. Deckungsbeitrag je Stück und insgesamt *	39	103	168
	3. Kostenverhalten der Abschreibung *	39	103	
	4. Veränderung des Kostenanfalls bei unterschiedlichen Produktionsmengen **	40	104	
	5. Kostenspaltung *	40	105	
	6. Vollkostenrechnung, Teilkostenrechnung und Deckungsbeitrag **	41	105	
	7. Ermittlung des Deckungsbeitrags und des Betriebsergebnisses **	41	106	
	8. Absatzförderung bei Produkten mit unterschiedlichen Deckungsbeiträgen ***	41	106	
	9. Ermittlung der Gewinnschwelle **	42	107	
	10. Ermittlung von Verkaufserlös und Gewinnschwellenmenge *	43	108	
	11. Ermittlung von Gewinnschwelle und Betriebsergebnis *	43	108	
	12. Auswirkung einer Preissenkung auf Gewinnschwelle, Beschäftigungsgrad, Deckungsbeitrag und Ergebnis je Einheit **	43	109	168
	13. Auswirkung einer Preissenkung auf Gewinnschwelle, Beschäftigungsgrad, Deckungsbeitrag und Ergebnis je Einheit bei Erhöhung der variablen Kosten **	44	109	169
	14. Hereinnahme von Zusatzaufträgen ***	44	110	
	15. Optimale Sortimentsgestaltung ***	45	111	
	16. Definition der kurzfristigen und der langfristigen Preisuntergrenze *	45	111	
	17. Ermittlung der kurzfristigen und der langfristigen Preisuntergrenze *	45	111	
	18. Veränderung von Beschäftigungsgrad, Stückkosten, Deckungsbeitrag und Gesamtergebnis bei Hereinnahme von Zusatzaufträgen ***	46	112	
	19. Deckungsbeitragsrechnung bei verschlechterten Absatzmöglichkeiten ***	46	112	
	20. Grenzen und Gefahren bei Preissenkungen unter die Vollkosten ***	47	113	
	21. Maßnahmen bei Verschlechterung der Marktsituation *	47	113	
	22. Relativer Deckungsbeitrag I ***	47	113	169
	23. Relativer Deckungsbeitrag II ***	48	114	170

	Auf-gabe	Lö-sung	Arbeits-blatt

24. Entscheidung über Eigenfertigung oder Fremdbezug in der Teilkostenrechnung **	48	115	170
25. Mehrstufige Deckungsbeitragsrechnung I *	49	116	171
26. Mehrstufige Deckungsbeitragsrechnung II *	49	116	171
27. Deckungsbeiträge als Basis unternehmerischer Entscheidungen ***	50	116	
28. Ermittlung der Deckungsbeiträge bei artverwandten Produkten ***	50	117	172
VIII. Plankostenrechnung	51	118	
1. Ermittlung des Plankostensatzes, der Gesamtabweichung und Gründe für eine Überdeckung *	51	118	
2. Begrenzte Aussagekraft der starren Plankostenrechnung *	51	118	
3. Unterscheidung von Beschäftigungs- und Verbrauchsabweichung *	51	118	
4. Heraushalten von Preisschwankungen aus der Kostenkontrolle *	51	119	
5. Abweichungsanalyse und Ermittlung des Fixkostenanteils an den Gesamtkosten der Istbeschäftigung ***	52	119	
6. Rechnung mit einem Variator *	52	120	
7. Plankostenrechnung ****	52	120	
8. Ermittlung und Begründung von Abweichungen bei flexibler Plankostenrechnung ***	53	121	
9. Umfassende Aufgabe zur flexiblen Plankostenrechnung auf Vollkostenbasis ****	53	122	
10. Grenzplankostenrechnung ***	54	124	
IX. Rechnen mit Maschinenstundensätzen	55	125	173
1. Errechnung der Maschinenstundensätze bei unterschiedlichen Laufzeiten *	55	125	
2. Auswirkung der Maschinenlaufzeit auf den Maschinenstundensatz *	55	125	
3. Errechnung des Maschinenstundensatzes bei Einschichtbetrieb ***	55	125	173
4. Errechnung des Maschinenstundensatzes bei Mehrschichtbetrieb ***	56	126	173
X. Prozesskostenrechnung	57	128	175
1. Der Begriff Prozess in der Kostenrechnung ***	57	128	
2. Arbeitsschritte bei Einführung der Prozesskostenrechnung ***	57	128	
3. Berichterstattung zur Prozesskostenrechnung ***	57	129	
4. Begriffe der Prozesskostenrechnung *	57	129	
5. Merkmale der Prozesskostenrechnung *	58	130	
6. Ermittlung der Teilprozesskostensätze ***	58	130	175

	Auf-gabe	Lö-sung	Arbeits-blatt
7. Ermittlung der Teilprozesskostensätze unter Berücksichtigung des Mitarbeiterbedarfs ***	59	131	175
XI. Zielkostenrechnung	**60**	**133**	**176**
1. Die drei Schritte der Zielkostenrechnung *	60	133	
2. Ermittlung des Kundennutzens, des Zielkostenindexes und der Einsparungsmöglichkeiten ****	60	133	176
3. Nutzung von Kostensenkungspotenzialen ***	61	135	
4. Zielkostenmanagement, Qualitätsmanagement und Zeitmanagement als magisches betriebliches Dreieck ***	61	136	
XII. Ordnungsmäßigkeit der Kostenrechnung und Qualitätskriterien			
1. Grundsätze ordnungsmäßiger Kostenrechnung *	62	137	
2. Interessenten einer Kostenrechnung *	62	137	
3. Qualitätskriterien eines Kostenrechnungsverfahren *	62	137	
XIII. Controlling			
1. Abweichungen, ihre Ermittlung und Untersuchung *	63	138	
2. Begriff „beeinflussbare Kosten" *	63	138	
3. Hauptaufgaben des Berichtswesens *	63	138	
4. Aufgaben des Controllers *	63	138	
5. „operatives" und „strategisches" Controlling *	63	139	
6. Entscheidungsrechnungen *	63	139	
7. Begriff „Erfolgspotenzial" *	63	139	
8. Schritte des Rückkopplungskreislaufs bei der Unternehmensführung *	63	139	
9. Aufgaben des Management-Informationssystems *	63	139	
10. „Strategie" als Begriff *	63	139	
11. Time-based Management *	63	140	
12. Begriff „Total Quality Management" *	63	140	
Teil B: Lösungen	65		
Teil C: Arbeitsblätter	141		

ABKÜRZUNGSVERZEICHNIS

A

AB	Anfangsbestand
Abschr.	Abschreibung
AfA	Absetzung für Abnutzung
AV	Anlagevermögen

B

BA	Beschäftigungsabweichung
BAB	Betriebsabrechnungsbogen
BE	Betriebsergebnis
BEP	Break-even-Point (Gewinnschwelle)
BKo	Bezugskosten
BV	Bestandsveränderung
bzw.	beziehungsweise

D

db	Deckungsbeitrag je Stück
DB	Deckungsbeitrag
DBR	Deckungsbeitragsrechnung

F

FE	Fertige Erzeugnisse
FEK	Fertigungseinzelkosten (entsprechen den Fertigungslöhnen)
FGK	Fertigungsgemeinkosten
Fibu	Finanzbuchhaltung
FL	Fertigungslöhne
FM	Fertigungsmaterial
FuE	Forschung und Entwicklung

G

GA	Gesamtabweichung
ges.	gesamt
Gew	Gewinn
GK	Gemeinkosten
GuV	Gewinn- und Verlustrechnung

H

H	Haben
HA	Hilfsstoffaufwendungen

Heko	Herstellkosten
HK	Herstellkosten
HP	Hauptprozess
HS	Handelsspanne

I

i. H.	im Hundert
IKR	Industriekontenrahmen

K

k	Stückkosten
k_f	Stückkosten fix
k_p	Stückkosten proportional
k_v	Stückkosten variabel
K_f	Gesamtkosten fix
K_g	Gesamtkosten
K_i	Istkosten gesamt
K_p	Gesamtkosten proportional
K_s	Sollkosten
K_v	Gesamtkosten variabel
kalk.	kalkulatorisch(e)
KER	kurzfristige Erfolgsrechnung
KLR	Kosten- und Leistungsrechnung
KSt	Kostenstelle
kW	Kilowatt
kWh	Kilowattstunde

L

LE	Leistungseinheit
lmi	leistungsmengeninduziert
lmn	leistungsmengenneutral

M

m	Meter
MEK	Materialeinzelkosten
MGK	Materialgemeinkosten
Min	Minute(n)
MK	Materialkosten

P

p	Preis je Einheit
Pos.	Posten, Position

Q

qm	Quadratmeter

R

RA	Rohstoffaufwendungen
RHB	Roh-, Hilfs- und Betriebsstoffkosten
RK	Rechnungskreis
Ro	Rohstoffe

S

SEK	Sondereinzelkosten
SEKF	Sondereinzelkosten der Fertigung
SEKV	Sondereinzelkosten des Vertriebs
SK	Selbstkosten
SKP	Selbstkostenpreis
Stck.	Stück
Std.	Stunde(n)

T

t	Tonne
TP	Teilprozess
TQM	Total Quality Management

U

UE	unfertige Erzeugnisse
USt	Umsatzsteuer

V

VA	Verbrauchsabweichung
v. H.	vom Hundert
VtGK	Vertriebsgemeinkosten
VwGK	Verwaltungsgemeinkosten

Teil A: Aufgaben

I. Grundlagen

AUFGABE

Aufgabe 1: Erstellen der Ergebnistabelle, Abstimmungsmöglichkeiten, Beurteilung der Erfolgssituation **

In der Geschäftsbuchführung wurden im Monat März die folgenden Aufwendungen und Erträge gebucht:

		€
500	Umsatzerlöse	140.000
520	Minderbestand an unfertigen und fertigen Erzeugnissen	12.300
530	Aktivierte Eigenleistungen	11.000
540	Mieterträge	3.500
546	Erträge aus dem Abgang von Vermögensgegenständen	2.100
548	Erträge aus der Herabsetzung von Rückstellungen	900
571	Zinserträge	120
600	Aufwendungen für Rohstoffe	29.200
602	Aufwendungen für Hilfsstoffe	7.110
603	Aufwendungen für Betriebsstoffe	3.200
605	Aufwendungen für Energie	2.100
616	Fremdinstandhaltung	1.200
620	Löhne	32.000
630	Gehälter	14.800
640	Sozialaufwendungen	11.000
652	Abschreibungen auf Sachanlagen	13.000
680	Büromaterial	7.600
690	Versicherungsprämien	540
700	Kostensteuern	9.000
746	Verluste aus Wertpapierverkäufen	1.300
751	Zinsaufwendungen	780

a) Erstellen Sie die Ergebnistabelle.

b) Erläutern Sie die Abstimmungsmöglichkeiten der Ergebnisse.

c) Beurteilen Sie die Erfolgssituation des Unternehmens.

Muster für die Abgrenzungs- oder Ergebnistabelle:

Abgrenzungsrechnung in der Abgrenzungstabelle						
Finanzbuchhaltung Rechnungskreis I			Betriebsbuchhaltung Rechnungskreis II			
Gewinn- und Verlustrechnung Gesamtergebnis			Abgrenzungsbereich Neutrales Ergebnis		Kosten- und Leistungsrechnung Betriebsergebnis	
Konto	Aufw. €	Erträge €	Aufw. €	Erträge €	Kosten €	Leistungen €
500 Umsatzerlöse		65.000				65.000
xxx...	.....		.....		.....	
690 Versicherungsbeiträge	1.200		250		950	
Summen I	53.320	65.000	1.870	0	51.450	65.000
Salden	11.680		0	1.870	13.550	
Summen II	65.000	65.000	1.870	1.870	65.000	65.000
	Gesamtergebnis + 11.680 €		Neutrales Ergebnis - 1.870 €		Betriebsergebnis + 13.550 €	

Die Lösung finden Sie auf Seite 65.

AUFGABE

Aufgaben 2 und 3: Erstellen der Ergebnistabelle und Beurteilung der Erfolgsaussichten **

Die Geschäftsbuchführung eines Unternehmens weist die folgenden Aufwendungen und Erträge aus:

		2.	3.
500	Umsatzerlöse	110.000 €	190.000 €
520	Mehrbestand an unfertigen und fertigen Erzeugnissen	3.000 €	10.000 €
540	Mieterträge	5.000 €	2.000 €
546	Erträge aus dem Abgang von Vermögensgegenständen	12.500 €	2.000 €
571	Zinserträge	3.400 €	800 €
600	Aufwendungen für Rohstoffe	25.000 €	30.000 €
602	Aufwendungen für Hilfs- und Betriebsstoffe	10.000 €	14.500 €
616	Fremdinstandhaltung	1.200 €	9.000 €
620	Löhne	22.000 €	86.000 €
630	Gehälter	8.000 €	23.000 €
640	Sozialaufwendungen	7.200 €	26.800 €
652	Abschreibungen auf Sachanlagen	8.000 €	12.000 €
680	Büromaterial	1.200 €	1.900 €
682	Postgebühren	1.150 €	2.450 €
687	Werbung	3.200 €	1.780 €
688	Spenden	200 €	300 €

690	Versicherungsprämien	3.780 €	4.590 €
700	Kostensteuern	4.500 €	5.600 €
751	Zinsaufwendungen	1.400 €	9.600 €

a) Erstellen Sie die Ergebnistabelle.

b) Beurteilen Sie die Erfolgssituation des Unternehmens.

Die Lösung finden Sie auf Seite 66 ff.

II. Kostenartenrechnung

AUFGABE

Aufgabe 1:   Nominelle und substanzielle Kapitalerhaltung *

Welches sind jeweils die Ziele der nominellen und der substanziellen Kapitalerhaltung und durch welche Maßnahmen im Rechnungswesen werden diese Ziele erreicht?

Die Lösung finden Sie auf Seite 70.

AUFGABE

Aufgabe 2:   Bilanzielle und kalkulatorische Abschreibung **

Bilanzielle Abschreibungen auf Konto 652 Abschreibungen auf Sachanlagen:

Technische Anlagen und Maschinen 10 % von 1.200.000 € Anschaffungswert
Betriebs- und Geschäftsausstattung 20 % von 800.000 € Buchwert

Kalkulatorische Abschreibungen:

Technische Anlagen und Maschinen 10 % von 1.600.000 € Wiederbeschaffungswert
Betriebs- und Geschäftsausstattung 20 % von 900.000 € Wiederbeschaffungswert

Zeigen Sie die Auswirkungen der Abschreibungen auf das Ergebnis in einer Ergebnistabelle.

Muster für die Abgrenzungs- oder Ergebnistabelle:

Finanz- oder Geschäftsbuchhaltung Rechnungskreis I			Betriebsbuchhaltung Rechnungskreis II					
Erfolgsbereich GuV-Rechnung			Abgrenzungsbereich Neutrales Ergebnis				Kosten- und Leistungsrechnung	
			Unternehmensbezogene Abgrenzung		Kostenrechnerische Korrekturen		Betriebsergebnis	
Konto	Aufwendungen €	Erträge €	Aufw. €	Erträge €	Betriebl. Aufw. €	Verrechn. Kosten €	Kosten €	Leistungen €
652 Abschreibungen auf Sachanlagen								
Auswirkungen auf	Gesamtergebnis €		Neutrales Ergebnis €				Betriebsergebnis €	

Die Lösung finden Sie auf Seite 70.

4

Aufgabe 3: Ermittlung und Verrechnung kalkulatorischer Zinsen **

In der folgenden Tabelle finden Sie Werte aus der Jahresbilanz zum 31.12. des Vorjahres und die Planzahlen zum 30.6. und 31.12. des laufenden Jahres. Die Ansätze wurden bereits um die nicht betriebsnotwendigen Bestandeile bereinigt. Der bankübliche Zinssatz beträgt 8 %. In der Geschäftsbuchführung werden auf dem Konto Zinsaufwendungen in Höhe von 3.000 € gebucht. Um die durchschnittliche Kapitalbindung zu berücksichtigen, geht das Unternehmen von den Durchschnittswerten aller Bilanzposten aus.

	31.12.2001	30.6.2002	31.12.2002
Vermögen			
Grundstücke und Gebäude	100.000	98.000	102.000
Maschinen	202.000	200.000	198.000
Geschäftsausstattung	49.000	48.000	53.000
Vorräte	190.000	200.000	210.000
Forderungen	205.000	200.000	195.000
Zahlungsmittel	48.000	50.000	52.000
gesamt	794.000	796.000	810.000
Eigenkapital und Schulden			
Eigenkapital	394.000	426.000	380.000
Grundschuld	202.000	200.000	198.000
Verbindlichkeiten	148.000	150.000	152.000
Erhaltene Anzahlungen	50.000	20.000	80.000
gesamt	794.000	796.000	810.000

a) Ermitteln Sie das betriebsnotwendige Kapital.

b) Errechnen Sie die kalkulatorischen Zinsen.

c) Führen Sie – wie in der vorstehenden Aufgabe zu den kalkulatorischen Abschreibungen – die Abgrenzungsrechnung in der Ergebnistabelle durch.

d) Stellen Sie fest, wie sich die Verrechnung der tatsächlich gezahlten Zinsen und der kalkulatorischen Zinsen jeweils auf die GuV-Rechnung, auf das neutrale Ergebnis und auf das Betriebsergebnis auswirkt.

Die Lösung finden Sie auf Seite 71.

Aufgabe 4: Auswirkung der sechs kalkulatorischen Kostenarten auf das Gesamtergebnis und auf das Betriebsergebnis **

Die folgenden Vorgänge wurden in der Ergebnistabelle erfasst:

Kalkulatorische Abschreibungen   6.000 €

Bilanzielle Abschreibungen   8.000 €

Kalkulatorische Zinsen	7.000 €
Tatsächlich gezahlte Zinsen	5.000 €
Kalkulatorischer Unternehmerlohn	48.000 €
Kalkulatorische Wagnisse	5.000 €

In welcher Höhe wirken sich die Posten insgesamt aus auf das Gesamtergebnis, auf das neutrale Ergebnis und auf das Betriebsergebnis?

Die Lösung finden Sie auf Seite 72.

AUFGABE

Aufgaben 5 und 6:   Verrechnung verschiedener Kosten- und Leistungsarten in der Ergebnistabelle **

In einem Unternehmen fallen im Juli eines Jahres folgende Aufwendungen und Erträge an:

		5. €	6. €
500	Umsatzerlöse	3.400.000	3.900.000
520	Bestandsveränderungen	+ 400.000	− 600.000
530	Aktivierte Eigenleistungen	100.000	80.000
540	Mieterträge	80.000	70.000
545	Erträge aus der Auflösung von Wertbericht. zu Ford.	25.000	40.000
546	Erträge aus dem Abgang von Vermögensgegenständen	30.000	20.000
548	Erträge aus der Herabsetzung von Rückstellungen	75.000	35.000
571	Zinserträge	55.000	30.000
600	Aufwendungen für Rohstoffe	800.000	900.000
602	Aufwendungen für Hilfsstoffe	150.000	80.000
616	Fremdinstandhaltung (für Maschinen)	50.000	30.000
620	Löhne	1.000.000	850.000
630	Gehälter	750.000	500.000
640	Arbeitgeberanteil zur Sozialversicherung	350.000	270.000
652	Abschreibungen auf Sachanlagen	320.000	260.000
680	Büromaterial	20.000	10.000
690	Versicherungsbeiträge	70.000	55.000
696	Verluste aus dem Abgang von Vermögensgegenständen	70.000	25.000
700	Betriebliche Steuern	100.000	90.000
751	Zinsaufwendungen	40.000	35.000

An kalkulatorischen Kosten werden verrechnet:

Kalkulatorische Abschreibungen	200.000	175.000
Kalkulatorische Zinsen	90.000	95.000
Kalkulatorischer Unternehmerlohn	30.000	40.000

Die Ergebnistabelle ist zu erstellen.

Die Lösung finden Sie auf Seite 72 ff.

Aufgabe 7: Ausgabenwirksame Aufwendungen und tatsächlich verursachte Kosten **

Aufgrund der schlechten Marktsituation hat das Unternehmen im abgelaufenen Geschäftsjahr seine Erzeugnisse unter Selbstkosten verkauft. Die Buchhaltung und die Kosten- und Leistungs-rechnung liefern das folgende Zahlenmaterial für die Ergebnistabelle.

500	Umsatzerlöse	970.000 €
520	Bestandsmehrungen an unfertigen u. fertigen Erzeugnissen	80.000 €
6/7	Verschiedene Aufwendungen	
	Grundkosten ohne Abschreibungen und Zinsen	890.000 €
652	Abschreibungen auf Sachanlagen	40.000 €
751	Fremdkapitalzinsen	30.000 €
	Kalkulatorische Abschreibungen	85.000 €
	Kalkulatorische Zinsen	70.000 €
	Kalkulatorischer Unternehmerlohn	60.000 €

a) Die Ergebnistabelle ist zu erstellen.

b) Es ist zu begründen, warum die Geschäftsbuchführung trotz Verkaufs unter Selbstkosten einen Gewinn ausweisen kann.

Die Lösung finden Sie auf Seite 74.

Aufgabe 8: Ermittlung von Verrechnungspreisen ***

Einkauf von Rohstoffen: 60 kg zu 7,00 €; 70 kg zu 7,50 €; 50 kg zu 6,80 €.

a) Schlagen Sie einen Verrechnungspreis vor.

b) Was sollte Ihrer Meinung nach bei der Festlegung von Verrechnungspreisen zusätzlich berücksichtigt werden?

c) Aus welchen Gründen sollten die Verrechnungspreise möglichst nur zu Beginn eines Geschäftsjahres angepasst werden?

Die Lösung finden Sie auf Seite 75.

Aufgabe 9: Auswirkungen der Verrechnungspreise auf die Ergebnisse **

Ein Industriebetrieb hat Bleche zu 13,80 € je qm eingekauft. Der Verrechnungspreis beträgt 14,00 €. Im Abrechnungsmonat wurden 98 qm vom Lager entnommen. Nehmen Sie die entsprechenden Eintragungen in der Ergebnistabelle vor.

Die Lösung finden Sie auf Seite 76.

AUFGABE

Aufgabe 10:   Ermittlung von Verbrauchsabweichungen bei Anwendung von Verrechnungspreisen **

In der Kosten- und Leistungsrechnung wird der Verbrauch von Blechen mit 22 € je qm verrechnet. Im Mai wurden 320 qm dieser Bleche in die Fertigung übernommen. Die Anschaffungskosten dieser Bleche haben 21 €/qm betragen.

a) Stellen Sie den Verbrauch in einer Ergebnistabelle dar.

b) Erklären Sie, warum der Verbrauch mit festen Verrechnungspreisen bewertet wird.

Die Lösung finden Sie auf Seite 76.

AUFGABE

Aufgabe 11:   Periodenabgrenzung I **

Die Apparatebau GmbH schätzt zu Beginn des Geschäftsjahres das zu zahlende tarifliche Urlaubsgeld auf 372.000 €. In einer Betriebsvereinbarung wurde festgelegt, dass das Urlaubsgeld mit den Löhnen und Gehältern für den Monat Juni auszuzahlen ist. Im Juni werden 371.250 € Urlaubsgeld an die Mitarbeiter ausgezahlt.

a) Welche Eintragungen sind jeweils in der Ergebnistabelle der Monate Januar bis Mai und Juli bis Dezember vorzunehmen?

b) Welche Eintragungen sind in der Ergebnistabelle für den Monat Juni vorzunehmen?

Die Lösung finden Sie auf Seite 77.

AUFGABE

Aufgabe 12:   Periodenabgrenzung II **

Die Maschinenfabrik AG ermittelt zu Beginn des Geschäftsjahres, dass die lt. Betriebsvereinbarung an die Mitarbeiter auszuzahlende Ergebnisprämie 960.000 € betragen wird. Die Auszahlung soll im Dezember erfolgen.

a) Welche Eintragungen sind in der Ergebnistabelle für die Monate Januar bis November vorzunehmen?

b) Welche Eintragungen sind in der Ergebnistabelle für den Monat Dezember vorzunehmen?

Die Lösung finden Sie auf Seite 77.

Aufgabe 13: Periodenabgrenzung III **

Die Kfz-Versicherung für den Lkw wird halbjährlich am 1.1. und am 1.7. mit je 1.200 € im Voraus überwiesen.

a) Welche Eintragungen sind in der Ergebnistabelle für die Monate Januar und Juli vorzunehmen?

b) Welche weiteren Eintragungen in der Ergebnistabelle sind für die Monate Januar bis Dezember vorzunehmen?

Die Lösung finden Sie auf Seite 77.

Aufgabe 14: Ergebnistabelle unter Einbeziehung von Verrechnungspreisen **

Aus der Finanzbuchhaltung eines Industriebetriebes werden für den Monat Juni die folgenden Aufwendungen und Erträge übernommen:

Kto.Nr.	Bezeichnung	Soll €	Haben €
500	Umsatzerlöse		740.000
520	Bestandsveränderungen		20.000
546	Erträge aus Abgang von Vermögensgegenständen		2.000
571	Zinserträge		8.000
600	Rohstoffaufwendungen	220.000	
602	Hilfsstoffaufwendungen	56.000	
603	Betriebsstoffaufwendungen	8.000	
620	Fertigungslöhne	180.000	
630	Gehälter	78.000	
640	Sozialkosten	53.900	
652	Abschreibungen auf Sachanlagen	90.000	
670	Mieten	15.300	
680	Büromaterial	4.000	
685	Reisekosten	5.000	
690	Versicherungsbeiträge	3.000	
692	Beiträge zu Wirtschaftsverbänden	4.800	
700	Betriebliche Steuern	10.000	
751	Zinsaufwendungen	8.000	

Kalkulatorisch werden verrechnet:

Abschreibungen	100.000
Zinsen	15.000
Rohstoffaufwendungen zu Verrechnungspreisen.	230.000

Die Ergebnistabelle ist zu erstellen.

Die Lösung finden Sie auf Seite 78.

III. Kostenstellenrechnung

AUFGABE

Aufgabe 1:   Ermittlung der Selbstkosten des Umsatzes **

Fertigungsmaterial 300.000 €, Fertigungslöhne 200.000 €, Minderbestände an unfertigen Erzeugnissen 40.000 €, Minderbestände an fertigen Erzeugnissen 30.000 €, 10 % MGK lt. BAB, 450 % FGK lt. BAB, VwGK lt. BAB 225.000 €, VtGK lt. BAB 300.000 €, SEK des Vertriebs 20.000 €. Die Zuschlagssätze für VwGK und VtGK sowie die Selbstkosten des Umsatzes sind zu ermitteln.

Die Lösung finden Sie auf Seite 79.

AUFGABE

Aufgabe 2:   Von der Ergebnistabelle zur Gesamtkostenrechnung ****

In der Geschäftsbuchführung eines Industriebetriebes wurden für den Monat Mai 01 die folgenden Aufwendungen und Erträge gebucht:

500	Umsatzerlöse	840.000 €
520	Bestandsmehrungen	9.000 €
540	Mieterträge	36.000 €
571	Zinserträge	10.000 €
600	Aufwendungen für Rohstoffe	152.000 €
602	Aufwendungen für Hilfsstoffe	26.000 €
603	Aufwendungen für Betriebsstoffe	14.000 €
616	Fremdinstandhaltung	24.000 €
620	Fertigungslöhne	220.000 €
628	Hilfslöhne	58.000 €
630	Gehälter	79.000 €
640	Sozialkosten	46.000 €
652	Abschreibungen auf Sachanlagen	101.000 €
680	Büromaterial	4.000 €
690	Versicherungsprämien	2.000 €
692	Gebühren, Beiträge	8.000 €
700	Betriebliche Steuern	10.000 €

Kostenstellenplan:	10	Beschaffung
	20	Fertigung
	30	Verwaltung
	40	Vertrieb

Rechnungseingänge Mai 01 (Auszug):

Belegnummer	Belegdatum	Konto-Nr.	Kostenstelle	Gegenkonto	Betrag €
10340	2.05.	616	20	4447	17.000
		616	30	4447	1.000
		616	40	4447	800
10794	25.05.	616	10	4452	3.500
		616	40	4452	1.700
					24.000
10356	2.05.	680	10	4409	175
10758	8.05.	680	20	4409	140
10767	12.05.	680	30	4409	220
10778	14.05.	680	30	4467	920
10781	14.05.	680	30	4414	550
10777	22.05.	680	40	4467	980
10791	25.05.	680	40	4409	1.015
					4.000
10370	2.05.	690	10	4436	80
		690	20	4436	1.100
		690	30	4436	420
		690	40	4436	400
					2.000
10240	6.05.	692	10	4422	260
10570	7.05.	692	10	4403	200
		692	20	4403	420
10620	6.05.	692	20	4415	410
10582	6.05.	692	30	4403	2.300
10420	7.05.	692	30	4422	2.600
		692	40	4422	1.200
10780	15.05.	692	40	4467	610
					8.000
10630	9.05.	700	10	4455	250
		700	20	4455	500
		700	30	4455	9.150
		700	40	4455	100
					10.000

Kostenartenliste 1, Mai 01 (Fertigungsmaterial):

Konto-Nr.	Auftrag	€	Summe €
Fertigungsmaterial	10446	12.800	
600	10568	14.650	
	11679	8.000	
	11989	21.000	
	20899	18.890	
	21345	21.980	
	30233	24.000	
	31678	14.500	
	34567	16.180	152.000

Kostenartenliste 2, Mai 01 (Verbrauch von Hilfs- und Betriebsstoffen nach KSt):

Konto-Nr.	Kostenstelle	€	Summen €
Hilfsstoffaufwendungen	10	500	
602	20	24.800	
	30	200	
	40	500	26.000
Betriebsstoffaufwendungen	10	600	
603	20	13.000	
	30	250	
	40	150	14.000

Kostenartenliste 3, Mai 01 (Löhne und Gehälter):

Konto-Nr.	Lohn-/ Gehaltsart	Kostenstelle/ Auftrag	Summen je KSt./ Auftrag €	Summe je Kostenart €
Fertigungslöhne	01	10446	34.000	
620		10568	27.349	
		11679	10.351	
		20899	34.598	
		21345	23.567	
		30233	10.567	
		31678	45.008	
		34567	34.560	220.000
Hilfslöhne	02	10	2.000	
628		20	54.500	
		30	0	
		40	1.500	58.000
Gehälter	01	10	10.000	
630		20	42.000	
		30	23.000	
		40	4.000	79.000

Arbeitgeberanteil zur Sozialversicherung 640	05	10	1.500	
		20	40.400	
		30	3.100	
		40	1.000	46.000

Kostenartenliste 4, Kalkulatorische Abschreibungen im Geschäftsjahr 01

Kostenstelle	Jahresbetrag €	Monatsbetrag €
10	108.000	9.000
20	888.000	74.000
30	234.000	19.500
40	114.000	9.500

a) Aus welchen Nebenbuchhaltungen erhält der Kostenrechner die einzelnen Kostenartenlisten?

b) Aus welchen Belegen bzw. aus welchen Daten wurden die Werte in den Kostenartenlisten errechnet?

c) Erstellen Sie die Ergebnistabelle.

d) Erstellen Sie den Betriebsabrechnungsbogen.

e) Berechnen Sie die Herstellkosten des Umsatzes.

f) Errechnen Sie die vier Gemeinkostenzuschlagssätze (Rundung auf eine Stelle hinter dem Komma).

g) Erstellen Sie die Gesamtkostenrechnung für Mai 01.

Die Lösung finden Sie auf Seite 79.

AUFGABE

Aufgabe 3: Datenfluss bei Lagerentnahmen vom Beleg bis zur Kostenstelle ✱✱✱

Beschreiben Sie in wenigen Sätzen den Weg von der Erfassung der Kosten für Roh-, Hilfs- und Betriebsstoffe auf Belegen, über die Buchung im Hauptbuch bis zur Belastung der einzelnen Kostenstellen.

Die Lösung finden Sie auf Seite 81.

AUFGABE

Aufgabe 4: Erstellung eines einstufigen Betriebsabrechnungsbogens und der Gesamtkostenrechnung ✱✱

Im Betriebsergebnis eines Industriebetriebs wurden für Juni 01 die folgenden Kosten und Leistungen ausgewiesen:

	Kosten €	Leistungen €
500 Umsatzerlöse		830.000
520 Bestandsminderungen	8.000	
600 Aufwendungen für Rohstoffe	190.000	
602 Aufwendungen für Hilfsstoffe	58.000	
603 Aufwendungen für Betriebsstoffe	7.000	
605 Energie	5.420	
616 Fremdinstandhaltung	9.000	
620 Fertigungslöhne	188.000	
628 Hilfslöhne	40.000	
630 Gehälter	70.000	
640 Sozialkosten	41.000	
Kalkulatorische Abschreibungen	110.000	
670 Mietaufwendungen	10.000	
680 Büromaterial	7.000	
690 Versicherungsprämien	3.000	
692 Gebühren, Beiträge	7.200	
700 Betriebliche Steuern	9.800	

Der Betrieb führt die Kostenstellen 10 Beschaffung, 20 Fertigung, 30 Verwaltung und 40 Vertrieb.

Aus der Buchhaltung und aus den verschiedenen Nebenbuchhaltungen liegen dem Kostenrechner folgende Listen mit teilweise bereits verdichteten Werten vor:

Rechnungseingänge Juni 01 (Auszug):

Beleg-Nummer	Beleg-Datum	Konto-Nummer	Kostenstelle Nummer	Gegenkonto	Betrag €
10897	03.06.	680	10	4409	275
10899	08.06.	680	20	4409	640
10903	12.06.	680	30	4409	885
10905	14.06.	680	30	4467	1.240
10911	22.06.	680	30	4414	890
10925	18.06.	680	40	4467	970
10940	25.06.	680	40	4409	2.100
					7.000
10898	04.06.	616	10	4452	1.500
		616	20	4452	6.500
10928	19.06.	616	40	4447	1.000
					9.000

Kostenstellenliste 2, Juni 01 (Hilfs- und Betriebsstoffaufwend. nach Kostenstellen):

Konto-Nr.	KSt./Auftrag	€	Summen €
Hilfsstoffaufwendungen	10	900	
602	20	55.800	
	30	500	
	40	800	58.000
Betriebsstoffaufwendungen	10	400	
603	20	6.000	
	30	350	
	40	250	7.000

Kostenartenliste 3, Juni 01 (Löhne und Gehälter):

Konto-Nr.	Lohn-/ Gehaltsart	Kostenstelle	Summen je Kostenstelle €	Summe je Kostenart €
Hilfslöhne	02	10	2.500	
628		20	37.500	
		30	0	
		40	0	40.000
Gehälter	01	10	9.000	
630		20	38.000	
		30	19.000	
		40	4.000	70.000

Kostenartenliste 4, Kalkulatorische Abschreibungen im Geschäftsjahr 01

Kostenstelle	monatliche Abschreibung €	Summe €
10	6.000	
20	85.000	
30	11.000	
40	8.000	110.000

Verzeichnis der Schlüssel:

Bezugsgrundlage	Beschaffung 10	Fertigung 20	Verwaltung 30	Vertrieb 40	Gesamt
installierte kWh	20	500	10	12	542
Anzahl Mitarbeiter	4	85	5	3	97
qm	300	1000	120	80	1500
Anteile Steuern	1	2	6	1	10
Anteile Versicherungen	2	11	1	1	15
Anteile Gebühren/Beiträge	2	5	4	1	12

a) Der Betriebsabrechnungsbogen ist zu erstellen.

b) Die Energiekosten sind nach installierten kWh, die Sozialkosten nach Anzahl der Mitarbeiter, die Miete ist nach qm, die betrieblichen Steuern, Versicherungsprämien, Gebühren und Beiträge sind nach den vorgegebenen Schlüsseln zu verteilen.

c) Die Herstellkosten des Umsatzes sind zu berechnen.

d) Die vier Gemeinkosten-Zuschlagssätze sind zu errechnen (Rundung auf zwei Stellen hinter dem Komma).

e) Die Gesamtkostenrechnung für Juni 01 ist zu erstellen.

Die Lösung finden Sie auf Seite 82.

AUFGABE

Aufgabe 5: Erstellung eines einstufigen Betriebsabrechnungsbogens und der Gesamtkostenrechnung aufgrund von Listen aus Hauptbuchhaltung und Nebenbuchhaltungen ****

Folgende Kosten und Leistungen führten zum Betriebsergebnis für den Monat Juni 01:

	Kosten €	Leistungen €
500 Umsatzerlöse		770.000
521 Bestandsmehrungen an unfert. Erzeugn.		10.000
522 Bestandsminderungen an fert. Erzeugn.	5.000	
600 Fertigungsmaterial	211.600	
602 Aufwendungen für Hilfsstoffe	56.000	
603 Aufwendungen für Betriebsstoffe	9.000	
620 Fertigungslöhne	158.000	
628 Hilfslöhne	43.000	
630 Gehälter	78.000	
640 Sozialkosten	48.500	
Kalkulatorische Abschreibungen	117.000	
670 Mietaufwendungen	15.000	
680 Büromaterial	6.500	
690 Versicherungsprämien	1.500	
692 Gebühren, Beiträge	6.000	
700 Betriebliche Steuern	8.000	
Summe	763.100	780.000

Kostenstellen: 10 Beschaffung, 20 Fertigung, 30 Verwaltung, 40 Vertrieb

Rechnungseingänge Juni 01 (Auszug):

Beleg-Nummer	Beleg-Datum	Konto-Nummer	Kostenstelle Nummer	Gegenkonto	Betrag €
10897	03.07.	680	10	4409	260
10899	08.07.	680	20	4409	640
10905	12.07.	680	30	4467	1.300
10926	14.07.	680	40	4467	2.200
10935	22.07.	680	40	4409	2.100
					6.500

Kostenartenliste 2, Juni 01 (Hilfs- und Betriebsstoffaufwend. nach Kostenstellen):

Konto-Nr.	Kostenstelle	€	Summen €
Hilfsstoffaufwendungen	10	800	
602	20	54.400	
	30	500	
	40	300	56.000
Betriebsstoffaufwendungen	10	600	
603	20	8.100	
	30	150	
	40	150	9.000

Kostenartenliste 3, Juni 01 (Löhne und Gehälter):

Konto-Nr.	Lohn-/ Gehaltsart	Kostenstelle	Summen je KSt. €	Summe je Kostenart €
Hilfslöhne	02	10	2.800	
628		20	40.200	
		30	0	
		40	0	43.000
Gehälter	01	10	9.000	
630		20	41.000	
		30	22.000	
		40	6.000	78.000

Kostenartenliste 4, Kalkulatorische Abschreibungen im Geschäftsjahr 01

Kostenstelle	monatliche Abschreibung €	Summe €
10	6.000	
20	85.000	
30	11.000	
40	15.000	117.000

Verzeichnis der Schlüssel:

Bezugsgrundlage	Beschaffung 10	Fertigung 20	Verwaltung 30	Vertrieb 40	Gesamt
Anzahl Mitarbeiter	4	85	5	3	97
qm	300	1000	120	80	1500
Anteile Steuern	1	2	6	1	10
Anteile Versicherungen	2	11	1	1	15
Anteile Gebühren/Beiträge	2	5	4	1	12

Sollzuschlagssätze: 10 Beschaffung   12 %

      20 Fertigung   200 %

      30 Verwaltung   7 %

      40 Vertrieb   4 %

a) Erstellen Sie den Betriebsabrechnungsbogen. Die Sozialkosten sind nach der Anzahl der Mitarbeiter je Bereich, die Mieten sind nach qm und die Steuern, die Versicherungsbeiträge sowie die Gebühren und Beiträge sind nach den vorgegebenen Schlüsseln zu verteilen.

b) Ermitteln Sie die Herstellkosten des Umsatzes.

c) Ermitteln Sie die Ist-Zuschlagssätze (Rundung auf eine Stelle nach dem Komma).

d) Ermitteln Sie die Über- und Unterdeckungen.

e) Erstellen Sie die Gesamtkostenrechnung für den Abrechnungsmonat zu Ist-Kosten und zu Soll-Kosten.

Die Lösung finden Sie auf Seite 83.

AUFGABE

Aufgabe 6: Erstellung eines mehrstufigen Betriebsabrechnungsbogens und der Gesamtkostenrechnung aufgrund von Listen aus Hauptbuchhaltung und Nebenbuchhaltungen ****

Im Betriebsergebnis eines Industriebetriebes wurden für Juli 01 die folgenden Kosten und Leistungen ausgewiesen:

	Kosten €	Leistungen €
500 Umsatzerlöse		1.150.000
520 Bestandsmehrungen		22.000
600 Fertigungsmaterial	300.000	
602 Aufwendungen für Hilfsstoffe	48.000	
603 Aufwendungen für Betriebsstoffe	18.000	
620 Fertigungslöhne	193.000	
626 Vergütung für Auszubildende	12.200	
628 Hilfslöhne	72.000	

630 Gehälter	128.200
640 Sozialkosten	117.000
Kalkulatorische Abschreibungen	175.000
670 Mietaufwendungen	40.000
680 Büromaterial	10.500
690 Versicherungsprämien	4.500
692 Gebühren, Beiträge	9.000
700 Betriebliche Steuern	18.000

Kostenstellenplan:

1 Allgemeiner Bereich	**20 Materialbereich**
11 Pförtner	
12 Fuhrpark	**4 Fertigungshilfsstellen**
13 Energieversorgung	41 Technische Leitung
3 Fertigungshauptstellen	42 Arbeitsvorbereitung
31 Schmiede	43 Lehrwerkstatt
32 Dreherei	
33 Schlosserei	**50 Verwaltung**
34 Montage	**60 Vertrieb**

Rechnungseingänge Juli 01 (680 Büromaterial):

Kostenstelle	Rechnungsbetrag netto €	Summe €
11	100	
20	2.000	
41	1.500	
42	1.000	
43	200	
50	2.800	
60	2.900	10.500

Kostenartenliste 2, Juli 01 (Hilfs- und Betriebsstoffaufwend. nach Kostenstellen):

Konto-Nr.	Kostenstelle	€	Summen €
Hilfsstoffaufwendungen	20	2.000	
602	31	12.000	
	32	10.000	
	33	8.000	
	34	13.000	
	43	3.000	48.000
Betriebsstoffaufwendungen	12	1.250	
603	20	500	
	31	3.750	
	32	4.000	
	33	5.000	
	34	2.000	
	43	1.500	18.000

Kostenartenliste 3, Juli 01 (Löhne und Gehälter):

Konto-Nr.	Lohn-/ Gehaltsart	Kostenstelle	Summen je KSt. €	Summe je Kostenart €
Fertigungslöhne	01	31	50.000	
620		32	48.000	
		33	62.000	
		34	33.000	193.000
Vergütung für	26	20	1.100	
Auszubildende		43	7.000	
626		50	2.100	
		60	2.000	12.200
Hilfslöhne	02	11	3.300	
628		12	5.800	
		13	6.000	
		20	5.900	
		31	10.000	
		32	12.500	
		33	13.000	
		34	9.500	
		43	6.000	72.000
Gehälter	03	11	3.090	
630		12	3.110	
		20	10.000	
		31	8.000	
		32	12.000	
		33	8.100	
		34	7.900	
		41	18.000	
		42	12.000	
		43	8.000	
		50	18.000	
		60	20.000	128.200

Kostenartenliste 4, Kalkulatorische Abschreibungen im Geschäftsjahr 01

Kostenstelle	monatliche Abschreibung €	Summe €
11	1.000	
12	14.000	
13	9.290	
20	13.000	
31	29.000	
32	34.710	
33	29.165	
34	4.051	
41	3.949	
42	2.979	

43	12.856	
50	18.000	
60	3.000	175.000

Verzeichnis der Schlüssel:

Kosten-stelle	Anzahl Mitarbeiter	qm	Anteile				
			Konto 690	Konto 692	Konto 700	KSt. 12	KSt. 13
11	2	80	1	-	-	-	-
12	3	500	2	1	-	-	-
13	2	200	1	1	-	-	-
20	6	900	4	2	-	2	8
31	22	350	3	-	2	-	11
32	26	420	3	-	2	-	10
33	24	400	3	-	2	-	10
34	12	450	3	-	2	1	5
41	4	200	3	3	-	2	1
42	3	50	1	-	-	-	1
43	11	250	2	1	-	-	2
50	7	80	3	5	8	2	1
60	8	120	1	2	2	4	1
Gesamt	130	4.000	30	15	18	11	50

Soll-Gemeinkostenzuschläge:

Kostenstelle 20 Beschaffung.............................   15 %

Kostenstelle 31 Schmiede.................................   260 %

Kostenstelle 32 Dreherei.................................   300 %

Kostenstelle 33 Schlosserei.............................   220 %

Kostenstelle 34 Montage.................................   180 %

Kostenstelle 50 Verwaltung.............................   7 %

Kostenstelle 60 Vertrieb.................................   5 %

Arbeitsschritte:

a) Verteilen Sie die Gemeinkosten aus der Ergebnistabelle auf die Kostenstellen. Die **Sozialkosten** sind nach der Anzahl der Mitarbeiter je Kostenstelle, die **Mietaufwendungen** nach qm, die **Steuern, Versicherungsbeiträge, Gebühren und Beiträge** nach den vorgegebenen Schlüsseln zu verteilen.

b) Die Kostenstelle **Pförtner** ist nach der Anzahl der Mitarbeiter je Kostenstelle auf die anderen Kostenstellen umzulegen. Die allgemeinen **Kostenstellen 12 und 13** sind nach den vorgegebenen Schlüsseln für die Inanspruchnahme umzulegen.

c) Die in der Kostenstelle **Technische Leitung** angefallenen Kosten sind nach der Anzahl der in den Fertigungshauptkostenstellen und in der Arbeitsvorbereitung beschäftigten Mitarbeiter auf diese Kostenstellen zu verteilen.

Die **Arbeitsvorbereitung** soll nach der Anzahl der in den Fertigungshauptkostenstellen und der Lehrwerkstatt beschäftigten Mitarbeiter – einschließlich Auszubildenden in der Lehrwerkstatt – auf diese Kostenstellen umgelegt werden.

In der **Lehrwerkstatt** werden 3 Auszubildende für die Schmiede und je 2 Auszubildende für die Dreherei und die Schlosserei ausgebildet. Diese drei Kostenstellen sollen die Kosten der Lehrwerkstatt anteilig tragen.

d) Berechnen Sie die Herstellkosten des Umsatzes.

e) Ermitteln Sie die Über- und Unterdeckungen aus der Gemeinkostenverrechnung.

f) Erstellen Sie die Gesamtkostenrechnung für den Abrechnungsmonat zu Ist- und zu Soll-Kosten.

Die Lösung finden Sie auf Seite 84.

IV. Kostenträgerrechnung

AUFGABE

Aufgabe 1: Von der Erfassung der Gemeinkosten in der Finanzbuchhaltung bis zur Verrechnung auf die Kostenstellen und Kostenträger ***

Beschreiben Sie den Weg der Verrechnung der Gemeinkosten von der Finanzbuchhaltung bis hin auf den Kostenträger bzw. den Fertigungsauftrag.

Die Lösung finden Sie auf Seite 87.

AUFGABE

Aufgabe 2: Aufgaben der Kostenträgerzeitrechnung und der Ergebnisrechnung ***

Wozu dient die Kostenträgerzeit- und Ergebnisrechnung?

Nennen Sie die verschiedenen Aufgaben.

Die Lösung finden Sie auf Seite 87.

AUFGABE

Aufgabe 3: Ermittlung der Über- und Unterdeckungen sowie des Betriebsergebnisses im Kostenträgerblatt ***

Ein Industriebetrieb stellt die Erzeugnisse Maschinen, Apparate und Waggons her. Kostenrechnung und Lagerbuchhaltung liefern für den Monat Mai die folgenden Werte:

	insgesamt €	Maschinen €	Apparate €	Waggons €
Fertigungsmaterial	165.000	65.000	60.000	40.000
Fertigungslöhne	95.000	50.000	25.000	20.000
Gemeinkosten (s. unten)	538.950			
Unfertige Erzeugnisse				
- Anfangsbestand	14.000	4.000	7.000	3.000
- Schlussbestand	12.000	3.000	7.000	2.000
Fertige Erzeugnisse				
- Anfangsbestand	9.000	3.000	4.000	2.000
- Schlussbestand	13.000	4.000	5.000	4.000
Umsatzerlöse (Kt. 500)	805.880	400.000	215.000	190.880

Kostenbereich	Ist-Gemeinkosten	Soll-Zuschlagssatz
Materialbereich	14.850	8 %
Fertigungsbereich	296.400	320 %
Verwaltungsbereich	102.465	16 %
Vertriebsbereich	125.235	24 %
Summe	538.950	

a) Erstellen Sie das Kostenträgerblatt.

b) Stellen Sie fest, in welcher Höhe die drei Fabrikategruppen am Umsatzergebnis beteiligt sind.

c) Errechnen Sie die Über- und Unterdeckungen aus Ist- und Sollkosten für die MGK, FGK, VwGK und VfGK insgesamt im Monat Mai.

d) Ermitteln Sie das Betriebsergebnis.

Die Lösung finden Sie auf Seite 88.

AUFGABE

Aufgabe 4:   Ermittlung der Selbstkosten des Umsatzes *

In einem Betrieb sind angefallen: 200.000 € Kosten für Fertigungsmaterial, 100.000 € Fertigungslöhne, 20.000 € Sondereinzelkosten der Fertigung, ein Mehrbestand an fertigen Erzeugnissen im Wert von 200.000 € und ein Minderbestand an unfertigen Erzeugnissen im Wert von 100.000 €. Die Gemeinkostensätze betragen: 10 % MGK, 400 % FGK, 10 % VwGK, 20 % VtGK. Die Selbstkosten des Umsatzes sind zu berechnen.

Die Lösung finden Sie auf Seite 88.

AUFGABE

Aufgabe 5:   Zuschlagskalkulation und Bestandsveränderungen ***

a) Warum passt sich die Zuschlagskalkulation in ihrem Aufbau der Hauptkostenstellengliederung des Betriebsabrechnungsbogens an?

b) Nennen Sie Beispiele für Kundenaufträge, Lageraufträge und aktivierte Eigenleistungen.

c) Begründen Sie, warum die Kostenträgerzeitrechnung die Bestandsveränderungen bei unfertigen und fertigen Erzeugnissen berücksichtigt und die Kostenträgerstückrechnung die Bestandsveränderungen nicht berücksichtigt.

Die Lösung finden Sie auf Seite 89.

Aufgabe 6:   Sondereinzelkosten des Vertriebs in der Zuschlagskalkulation *

Welches Auftragsergebnis wird bei 6.200 € Herstellkosten, 10 % VwGK, 20 % VtGK, 140 € Sondereinzelkosten des Vertriebs und einem Verkaufserlös von netto 9.000 € erzielt?

Die Lösung finden Sie auf Seite 90.

Aufgabe 7:   Auswirkungen der Veränderungen bei Kosten und Leistungen auf das Ergebnis ***

Wie wirken sich die folgenden Vorgänge auf die Höhe der Umsatzerlöse eines Monats aus, erhöhend, mindernd oder haben sie keine Auswirkung?

a) Steigerung des Umsatzes bei gleichen Preisen.

b) Erhöhung des Umsatzsteuersatzes von 19 % auf 22 %.

c) Preisnachlässe an Kunden wegen mangelhafter Lieferungen.

d) Erhöhung der Herstellkosten.

e) Anhebung der Verkaufspreise je Stück bei gleichbleibender Umsatzmenge.

Die Lösung finden Sie auf Seite 90.

Aufgabe 8:   Nachkalkulation zu Sollkosten **

Der BAB I eines Industriebetriebes enthält für den Monat August die folgenden Werte:

Materialgemeinkosten	36.000 €
Fertigungsgemeinkosten	630.000 €
Verwaltungsgemeinkosten	120.000 €
Vertriebsgemeinkosten	280.000 €

An Einzelkosten sind angefallen:

Fertigungsmaterial	200.000 €
Fertigungslöhne	150.000 €
Mehrbestand an unfertigen und fertigen Erzeugnissen	16.000 €

Sollzuschlagssätze:

15 % MGK, 400 % FGK, 10 % VwGK, 20 % VtGK

a) Die Ist-Zuschlagssätze und die Verrechnungsabweichungen sind zu errechnen.

b) Im Rahmen der Nachkalkulation ist das Ergebnis eines Auftrags zu errechnen, für den bei einem Verkaufserlös 6.800 € Fertigungsmaterial in Höhe von 1.000 € und 30 Fertigungsstunden zu je 25 € Fertigungslohn angefallen sind.

c) Was sagen Sie dem kaufmännischen Leiter, wenn dieser die Richtigkeit der Kalkulation anzweifelt mit dem Hinweis: „Da kann doch etwas nicht stimmen. Sie rechnen nur positive Auftragsergebnisse aus und die Buchhaltung legt mir einen Monatsabschluss mit einem Verlust vor."

Die Lösung finden Sie auf Seite 90.

AUFGABE

Aufgabe 9:   Verkaufskalkulation in der Industrie *

Bei der Herstellung einer Maschine sind die folgenden Kosten angefallen:

Fertigungsmaterial . . . .   10.000 €
Fertigungslöhne Dreherei. . . . .   3.000 €
Fertigungslöhne Fräserei . . . .   1.500 €
Fertigungslöhne Montage . . . .   1.000 €

Normalzuschlagssätze:
10 % MGK, 300 % FGK Dreherei, 320 % FGK Fräserei, 200 % FGK Montage, 15 % VwGK, 20 % VtGK

Normalzuschlagssätze:

Die Maschine wird zum Listenverkaufspreis von 52.000 € angeboten und unter Abzug von 10 % Rabatt und 3 % Skonto verkauft. Wie hoch ist das Auftragsergebnis nach Abzug von Rabatt und Skonto?

Die Lösung finden Sie auf Seite 91.

AUFGABE

Aufgabe 10:   Entscheidung über Eigenfertigung oder Fremdbezug in der
Vollkostenrechnung ***

Sie arbeiten in einem Fertigungsbetrieb, der zur Zeit nicht voll beschäftigt ist. Für die Fertigung wird eine Vorrichtung benötigt. Es liegt ein Angebot der Maschinenbau AG über 3.920 € vor.

Der Inhaber beauftragt Sie, im Wege einer Vorkalkulation festzustellen, was die Herstellung der Vorrichtung in der eigenen Fertigung kosten würde. Sie rechnen mit 2.000 € Fertigungsmaterial, 150 € Fertigungslohn in der Schmiede, 200 € Fertigungslohn in der Schlosserei und 100 € Fertigungslohn in der Montage. Als Normalgemeinkostensätze sind zu verrechnen: 10 % MGK, 250 % FGK für die Schmiede und jeweils 200 % FGK für die Schlosserei und für die Montage. Bei Fremdaufträgen wird mit 8 % VwGK und 20 % VtGK gerechnet.

a) Die Vorkalkulation ist zu erstellen. Es ist zu prüfen, welche Kostenbestandteile in diesem speziellen Fall in die Vorkalkulation einzubeziehen sind.

b) Dem Inhaber ist ein Vorschlag vorzulegen, aus dem hervorgeht, aus welchen Gründen die Vorrichtung im eigenen Betrieb erstellt bzw. bei der Maschinenbau AG gekauft werden soll.

c) Über die Ergebnisse der Kalkulation hinaus sind weitere Gründe für bzw. gegen den Kauf zu nennen.

Die Lösung finden Sie auf Seite 92.

AUFGABE

Aufgabe 11:   Mehrstufiger Betriebsabrechnungsbogen, Kostenträgerzeitrechnung und Kostenträgerstückrechnung ****

Das **Betriebsergebnis** des Industriebetriebs weist für den Monat Juni 01 die folgenden Kosten und Leistungen aus:

Kto.-Nr.	Kontenbezeichnung	Kosten €	Leistungen €
500	Umsatzerlöse		1.200.009
521	Bestandsmehrungen an unfertigen Erzeugnissen		30.000
522	Bestandsminderungen an fertigen Erzeugnissen	10.000	
600	Fertigungsmaterial	320.600	
602	Aufwendungen für Hilfsstoffe	48.000	
603	Aufwendungen für Betriebsstoffe	18.000	
620	Fertigungslöhne	198.000	
626	Vergütung für Auszubildende	12.200	
628	Hilfslöhne	72.000	
630	Gehälter	129.800	
640	Sozialaufwendungen	86.520	
	Kalkulatorische Abschreibungen	196.000	
670	Mietaufwendungen	48.000	
680	Büromaterial	8.500	
690	Versicherungsprämien	5.700	
692	Gebühren, Beiträge	9.000	
700	Betriebliche Steuern	18.000	
	Summe	1.180.320	1.230.009

Kostenstellenplan und Soll-Zuschlagssätze:

Kostenstelle	Soll-Zuschlag
1 Allgemeiner Bereich 11 Pförtner 12 Fuhrpark 13 Energieversorgung	
20 Materialbereich	20 %

3 Fertigungshauptstellenbereich	
31 Schmiede	270 %
32 Dreherei	280 %
33 Schlosserei	220 %
34 Montage	200 %
4 Fertigungshilfsstellenbereich	
41 Technische Leitung	
42 Arbeitsvorbereitung	
43 Lehrwerkstatt	
50 Verwaltung	5 %
60 Vertrieb	6 %

Das Unternehmen unterscheidet die Produktgruppen Maschinenbau und Anlagenbau. Die Auftragsnummern für den Maschinenbau beginnen mit dem Klassifikationsmerkmal „1", die für den Anlagenbau mit „2".

Der Kostenrechner erhält die folgenden Listen aus der Finanzbuchhaltung:

Liste 1 – Rechnungseingänge zu Konto 680 Büromaterial im Monat Juni 01

Datum	Beleg-Nr.	Kostenstelle	Rechnungsbetrag (netto)
02. 06. 01	10490	11	100 €
05. 06. 01	10520	20	1.800 €
09. 06. 01	10538	41	1.300 €
14. 06. 01	10577	42	900 €
16. 06. 01	10821	43	300 €
20. 06. 01	10830	50	2.700 €
23. 06. 01	10890	60	1.400 €
			8.500 €

Liste 2 – Rechnungsausgänge (Konto 500)

Datum	Beleg-Nr.	Auftragsnummer	Rechnungsbetrag (netto)
02. 06. 01	20531	1212	280.000 €
04. 06. 01	20532	1317	105.000 €
09. 06. 01	20533	2510	120.000 €
09. 06. 01	20534	2512	250.800 €
21. 06. 01	20535	2513	100.000 €
24. 06. 01	20536	1298	244.009 €
28. 06. 01	20537	1310	100.200 €
			1.200.009 €

Aus der Lagerbuchhaltung erhält der Kostenrechner die folgende Liste:

Liste 3 – Materialentnahmen in Monat Juni 01

Konto- Nr.	Kostenträger	Kostenstelle	Summe KSt./Ktr. €	Summe Kostenart €
600 Fertigungsmaterial	1212		35.300	
	1317		20.500	
	2514		25.700	
	2515		79.000	
	1450		82.000	
	1461		57.700	
	2528		20.400	320.600
602 Hilfsstoffaufwand		20	2.000	
		31	12.000	
		32	10.000	
		33	8.000	
		34	13.000	
		43	3.000	48.000
603 Betriebs- stoff- aufwand		12	1.250	
		20	500	
		31	3.750	
		32	4.000	
		33	5.000	
		34	2.000	
		43	1.500	18.000

Aus der Lohn- und Gehaltsbuchhaltung erhält der Kostenrechner die Liste 4:

Liste 4 – Löhne und Gehälter in Monat Juni 01

Konto- Nr.	Kostenträger	Kostenstelle	Summe KSt./Ktr. €	Summe Kostenart €
620 Fertigungslöhne	1212	31	5.200	
	1212	32	10.000	
	1317	31	6.000	
	1317	32	7.000	
	1317	33	4.000	
	1317	34	1.000	
	2514	32	7.600	
	2514	33	9.000	
	2514	34	5.000	
	2515	31	12.000	

	2515	32	9.000	
	2515	33	6.000	
	2515	34	5.000	
	1450	31	24.000	
	1450	32	16.000	
	1450	33	26.500	
	1461	33	17.700	
	1461	34	8.000	
	2528	33	5.000	
	2528	34	14.000	198.000
davon		31		47.200
		32		49.600
		33		68.200
		34		33.000
				198.000
626		20	1.100	
Vergütung für		43	7.000	
Auszubildende		50	2.100	
		60	2.000	12.200
628		11	3.300	
Hilfslöhne		12	5.800	
		13	6.000	
		20	5.900	
		31	10.000	
		32	12.500	
		33	13.000	
		34	9.500	
		43	6.000	72.000
630		11	3.090	
Gehälter		12	3.110	
		20	10.000	
		31	8.000	
		32	12.000	
		33	8.100	
		34	7.900	
		41	18.000	
		42	12.000	
		43	8.000	
		50	18.000	
		60	21.600	129.800

680		11	100	
Büromaterial		20	1.800	
		41	1.300	
		42	900	
		43	300	
		50	2.700	
		60	1.400	8.500

Im Rahmen der Unternehmensplanung wurde für das Geschäftsjahr 01 die Liste für die Verteilung der kalkulatorischen Abschreibungen erstellt:

Liste 5 – Kalkulatorische Abschreibungen in 01 (monatliche Beträge)

Kostenstelle	Betrag €	Summe/Monat
11	1.000	
12	14.000	
13	9.300	
20	14.000	
31	30.000	
32	44.400	
33	45.200	
34	4.100	
41	4.000	
42	3.000	
43	13.000	
50	8.000	
60	6.000	196.000

Bei der Verteilung der Gemeinkosten im BAB geht der Kostenrechner nach folgenden Schlüsseln vor:

Verzeichnis der Verteilungsschlüssel:

KSt.	Anzahl Mitarbeiter	qm	Kto. 690 Anteile	Kto. 692 Anteile	Kto. 700 Anteile	Umlage KSt. 12	Umlage KSt. 13
11	2	80	1	-	-	-	-
12	3	500	2	1	-	-	-
13	2	200	1	1	-	-	-
20	6	900	4	2	-	2	8
31	22	350	3	-	2	-	11
32	26	420	3	-	2	-	10
33	24	400	3	-	2	-	10
34	12	450	3	-	2	1	5
41	4	200	3	3	-	2	1
42	3	50	1	-	-	-	1
43	11	250	2	1	-	-	2
50	7	80	3	5	8	2	1

| 60 | 8 | 120 | 1 | 2 | 2 | 4 | 1 |
| gesamt | 130 | 4.000 | 30 | 15 | 18 | 11 | 50 |

Die Sozialaufwendungen (Kto. 640) werden nach der Anzahl der Mitarbeiter verteilt.

Die Mietaufwendungen (Kto. 670) werden nach qm verteilt.

Die Kostenstelle Pförtner (KSt. 11) wird nach der Anzahl Mitarbeiter ohne Pförtner umgelegt.

Die Kostenstellen 12 und 13 werden nach dem o. a. Schlüssel umgelegt.

Die Kostenstelle Technische Leitung (KSt. 41) wird nach der Anzahl der in den Fertigungshauptkostenstellen und der in der Arbeitsvorbereitung beschäftigten Mitarbeiter umgelegt.

Die Arbeitsvorbereitung (KSt. 42) wird nach der Anzahl der in den Fertigungshauptkostenstellen und in der Lehrwerkstatt (einschl. Auszubildende in der Lehrwerkstatt) beschäftigten Mitarbeiter umgelegt.

In der Lehrwerkstatt lernen 3 Auszubildende für die Schmiede, 2 Auszubildende für die Dreherei und 2 Auszubildende für die Schlosserei. Die Kosten der Lehrwerkstatt werden entsprechend auf diese drei Hauptkostenstellen umgelegt.

Von den Bestandsmehrungen an unfertigen Erzeugnissen betreffen 20.000 € den Maschinenbau und 10.000 € den Anlagenbau. Die Bestandsminderungen an fertigen Erzeugnissen entfallen allein auf den Maschinenbau.

Von den Verkaufserlösen entfallen 729.209 € auf den Maschinenbau, der Rest auf den Anlagenbau.

a) Der BAB ist einschließlich der Ermittlung von Kostenüber- und Kostenunterdeckungen zu erstellen.

b) Die Kostenträgerzeitrechnung ist untergliedert nach den Produktgruppen Maschinen (erste Stelle der Kostenträgernummer = 1) und Anlagen (erste Stelle der Kostenträgernummer = 2) zu erstellen.

c) Zur Auftragsnummer 1317 ist die Nachkalkulation (Kostenträgerstückrechnung) zu erstellen.

Die Lösung finden Sie auf Seite 93.

AUFGABE

Aufgabe 12:   Anlässe und Arten der Kostenträgerstückrechnung *

Die Verkaufsabteilung der Anlagenbau GmbH erhält am 12.02. eine Anfrage der Maschinenbau AG zur Herstellung einer Wärmetauschanlage.

Die Maschinenbau AG ist mit dem Angebot der Anlagenbau GmbH einverstanden und erteilt den Auftrag zum Festpreis. Am 14.04. erstellt die Anlagenbau GmbH die Arbeitspapiere für die Fertigung der Wärmetauschanlage.

Am 31.08 ist der Auftrag zu 45 % fertig gestellt. Die Geschäftsführung möchte wissen, mit welchem Ergebnis der Auftrag voraussichtlich abschließen wird.

Am 29.11. ist die Wärmetauschanlage fertig gestellt. Die Auslieferung und Fakturierung erfolgt am 10.12. Die Geschäftsführung möchte wissen, mit welchem Erfolg der Auftrag zum Gesamtergebnis beigetragen hat.

Wie heißen die Kalkulationen zum

a) 12.02.,

b) 14.04.,

c) 31.08.,

d) 10.12.?

Die Lösung finden Sie auf Seite 96.

AUFGABE

Aufgabe 13:   Divisionskalkulation *

Eine Ziegelei weist in ihrer Ergebnisrechnung das folgende Betriebsergebnis aus:

	Kosten €	Leistungen €
500 Umsatzerlöse		560.000
600 Fertigungsmaterial	45.000	
603 Aufwendungen für Betriebsstoffe	17.000	
620 Löhne	182.000	
630 Gehälter	108.200	
640 Sozialkosten	60.000	
Kalkulatorische Abschreibungen	75.000	
670 Mietaufwendungen	10.000	
673 Gebühren	3.000	
680 Büromaterial	2.000	
690 Versicherungsprämien	3.000	
692 Beiträge	1.000	
700 Betriebssteuern	9.000	
Summen	515.200	560.000
Betriebsergebnis	44.800	

In der Abrechnungsperiode wurden 1.120.000 Ziegel hergestellt und verkauft. Die Selbstkosten und der Gewinn je Ziegel sind zu ermitteln.

Die Lösung finden Sie auf Seite 96.

AUFGABE

Aufgabe 14:   Zweistufige Divisionskalkulation mit Bestandsveränderungen ***

In der Abrechnungsperiode sind folgende Kosten angefallen:

<u>Produktionsstufe I</u>: 16.000 unfertige Erzeugnisse werden mit 56.000 € Kosten gefertigt.

<u>Produktionsstufe II</u>: 14.000 unfertige Erzeugnisse werden mit 21.000 € Kosten zu fertigen Erzeugnissen weiterverarbeitet.

Die Verwaltungs- und Vertriebsgemeinkosten betragen 3.000 €.

Abgesetzt wurden 12.000 Stück.

Zu errechnen sind:

a) die Selbstkosten je Stück,

b) die Herstellkosten der fertigen Erzeugnisse je Stück,

c) die Herstellkosten der unfertigen Erzeugnisse je Stück,

d) die Lagerbestandserhöhungen der fertigen Erzeugnisse,

e) die Lagerbestandserhöhungen der unfertigen Erzeugnisse.

Die Lösung finden Sie auf Seite 96.

AUFGABE

Aufgabe 15: Mehrstufige Divisionskalkulation ***

Kosten der Produktionsstufe I 720.000 €, der Produktionsstufe II 300.000 €. Die Leistung der Produktionsstufe I ist 3.000 t, 1.000 t werden als Zwischenprodukt verkauft. Der Rest wird zur weiteren Verarbeitung in die Produktionsstufe II übernommen. Zu ermitteln sind die Selbstkosten je t für das Zwischenprodukt und für das Endprodukt.

Die Lösung finden Sie auf Seite 97.

AUFGABE

Aufgabe 16: Einstufige Äquivalenzziffernkalkulation I ***

Eine Papierfabrik stellt im Monat Juni 01 bei 2.194.800 € Selbstkosten 10.000 t Papier her. Von der Sorte I wurden 5.000 t, von II 3.000 t und von der Sorte III 2.000 t hergestellt. Äquivalenzziffern: 1,0 : 1,2 : 1,6. Wie hoch sind die Selbstkosten je Sorte und je Tonne?

Die Lösung finden Sie auf Seite 97.

AUFGABE

Aufgabe 17: Einstufige Äquivalenzziffernkalkulation II ***

Einstufige Äquivalenzziffernkalkulation:

Eine Brauerei stellt die Biersorten A, B, C und D her.

Die Kosten stehen im Verhältnis A = 1, B = 1,5, C = 2,5 und D = 2,0 zueinander.

Die produzierten Mengen betragen bei A = 2.000 l, B = 2.000 l, C = 1.200 l, D = 1.000 l

Die gesamten Kosten betragen 5.000 €

Zu berechnen sind die Selbstkosten je Sorte.

Die Lösung finden Sie auf Seite 98.

AUFGABE

Aufgabe 18:   Mehrstufige Äquivalenzziffernkalkulation ****

Mehrstufige Äquivalenzziffernkalkulation:

Eine Ziegelei stellt die Ziegel A, B, C und D her.

Die Materialstückkosten stehen im Verhältnis A = 1, B = 2, C = 1 und D = 2.

Insgesamt sind 3.450 € an Materialkosten angefallen.

Die sonstigen Stückkosten verhalten sich entsprechend den Äquivalenzziffern für A = 1, B = 2, C = 2 und D = 1,5.

Hergestellte Mengen: A = 500 Stück, B = 400 Stück, C = 600 Stück, D = 200 Stück.

Sämtliche hergestellte Ziegel wurden in der Abrechnungsperiode verkauft.

Die gesamten sonstigen Kosten betragen 5.600 €.

a) Ermitteln Sie die Materialkosten je Sorte.

b) Ermitteln Sie die Sonstigen Kosten je Sorte.

c) Ermitteln Sie die Selbstkosten je Stück.

Die Lösung finden Sie auf Seite 98.

V. Kalkulation im Handel

AUFGABE

Aufgabe 1: Angebotsvergleich *

Angebotsvergleich: Dem Einkäufer liegen folgende Angebote vor:

<u>Angebot Lieferer A:</u> Listenpreis (netto ohne USt) für 10 Einheiten 5.000 €, 5 % Rabatt, 3 % Skonto bei Zahlung innerhalb von 10 Tagen, 500 € Bezugskosten.

<u>Angebot Lieferer B:</u> Listenpreis (netto ohne USt) für 20 Einheiten 9.800 €, 5 % Rabatt, 2 % Skonto bei Zahlung innerhalb von 30 Tagen, 850 € Bezugskosten.

Der Käufer will mehr als 20 Einheiten bestellen, Rabatt und Skonto in Anspruch nehmen und auch innerhalb von 10 Tagen zahlen.

Der Bezugspreis für 1 Einheit ist zu ermitteln.

Die Lösung finden Sie auf Seite 100.

AUFGABE

Aufgabe 2: Absatzkalkulation als Vorwärtsrechnung ***

Absatzkalkulation als Vorwärtsrechnung:

Bezugspreis der Ware (netto ohne USt) = 100 €.

Das Unternehmen berücksichtigt bei der Kalkulation des Listenverkaufspreises 3 % Kundenskonto, 5 % Kundenrabatt und 10 % Gewinn.

Gewinn- und Verlustrechnung des Handelsbetriebs

Umsatz zu Einstandspreisen	500.000 €	Umsatz zu Verkaufspreisen	660.000 €
Personalaufwendungen	55.000 €		
Abschreibungen	15.000 €		
Sonst. betriebliche Aufwendungen	20.000 €		
Zinsen	10.000 €		
Sonstige Steuern	5.000 €		
Gewinn	55.000 €		
	660.000 €		660.000 €

Zu ermitteln sind:

a) der Handlungskostensatz,

b) der Listenverkaufspreis,

c) der Kalkulationszuschlag und der Kalkulationsfaktor.

Die Lösung finden Sie auf Seite 100.

Aufgabe 3: Absatzkalkulation als Rückwärtsrechnung ***

Absatzkalkulation als Rückwärtsrechnung:

Kundenrabatt = 5 %, Kundenskonto = 3 %, Gewinn = 10 %, Handlungskosten = 21 %, Lieferer-skonto = 3 %, Liefererrabatt = 5 %, Bezugskosten = 2 €.

a) Wie hoch darf der Bezugspreis (Listeneinkaufspreis) höchstens sein, wenn die Ware zu einem Listenverkaufspreis von maximal 140 € weiterverkauft werden kann?

b) Die Handelsspanne ist zu ermitteln.

c) Worin unterscheiden sich die „Handlungskosten" von der „Handelsspanne"?

Die Lösung finden Sie auf Seite 101.

VII. Teilkostenrechnung

Aufgabe 1: Teilkostenrechnung *

Eine Fahrradfabrik rechnet mit monatlich 400.000 € fixen Kosten. Je Fahrrad werden 180 € variable Kosten veranschlagt. Zu ermitteln sind für die Fertigung von 500 Stück je Monat, 2.000 Stück je Monat, 4.000 Stück je Monat

a) die fixen Kosten je Fahrrad,

b) die Gesamtkosten je Fahrrad,

c) die variablen Kosten für die gesamte Fertigung,

d) die Gesamtkosten für der Fertigung.

Die Lösung finden Sie auf Seite 103.

Aufgabe 2: Deckungsbeitrag je Stück und insgesamt *

Auf Basis der Vollauslastung der Kapazität (= 10.000 Stück) und einem Fixkostenblock von 50.000 € ist der folgende Preis je Stück kalkuliert worden:

variable Kosten je Stück	8 €
+ fixe Kosten je Stück	5 €
= Gesamtkosten je Stück	13 €
Ergebnis	3 €
Erlös (netto)	16 €

Zu ermitteln sind die Gesamtkosten und die Stückkosten sowie das Gesamtergebnis und das

Ergebnis je Stück bei Fertigung von

a) 1.000 Stück,

b) 3.000 Stück,

c) 8.000 Stück.

Die Lösung finden Sie auf Seite 103.

Aufgabe 3: Kostenverhalten der Abschreibungen *

Die GmbH kauft eine Maschine zum Anschaffungswert von netto 600.000 €. Auf der Maschine soll ein Spezialprodukt für einen Großkunden hergestellt werden. Der Kunde verpflichtet sich zur Abnahme von insgesamt 200.000 Stück. Mit der Fertigung weiterer Produkte dieser Art kann die GmbH nicht rechnen. Die Abschreibung soll deshalb nach Leistungseinheiten erfolgen.

a) Der auf ein Stück des Spezialprodukts entfallende Abschreibungsbetrag ist zu ermitteln.

b) Die Höhe der verrechneten Abschreibungen ist zu ermitteln für die Fälle, dass im Januar 8.000 Stück, im Februar 6.000 Stück, im März 4.000 Stück, im April 6.000 Stück und im Mai 7.000 Stück gefertigt werden.

c) Stimmt die Behauptung, dass Abschreibungen immer fixe Kosten sind?

Die Lösung finden Sie auf Seite 103.

AUFGABE

Aufgabe 4:   Veränderung des Kostenanfalls bei unterschiedlichen Produktionsmengen **

In einem Industriebetrieb mit Serienproduktion fallen monatlich 300.000 € fixe Kosten an. Die monatlichen variablen Kosten entwickeln sich wie folgt:

monatliche Fertigung in Stück	variable Kosten in €
20.000	100.000
25.000	115.000
30.000	129.000
35.000	150.500
40.000	188.000
50.000	260.000

a) Die Gesamtkosten für die angeführten Produktionsmengen sind zu ermitteln.

b) Die variablen, die fixen und die gesamten Stückkosten bei den unterschiedlichen Produktionsmengen sind zu ermitteln.

c) Welche Gründe könnten für die Veränderung der variablen Kosten je Stück vorliegen?

Die Lösung finden Sie auf Seite 104.

AUFGABE

Aufgabe 5:   Kostenspaltung *

Im September sind bei einer Auslastung von 80 % für die Herstellung von 8.000 Einheiten 3.360 € an Energiekosten angefallen. Bei einer Auslastung von 90 % wurden im Oktober 9.000 Einheiten gefertigt. Im Oktober sind für 3.680 € Energiekosten angefallen. Wie viel Euro beträgt der monatliche Fixkostenanteil der Energiekosten?

Die Lösung finden Sie auf Seite 105.

Aufgabe 6: Vollkostenrechnung, Teilkostenrechnung und Deckungsbeitrag **

a) Die Begriffe Vollkostenrechnung und Teilkostenrechnung sind zu erläutern.

b) Der Begriff Deckungsbeitrag ist an einem Beispiel zu erklären.

c) Welche Kostenbestandteile müssen voll und welche müssen zumindest teilweise über den Verkaufserlös zurückfließen, wenn die Herstellung eines Produkts wirtschaftlich noch vertretbar sein soll?

d) Verkaufserlöse der Abrechnungsperiode = 500.000 €, variable Kosten der Abrechnungsperiode = 300.000 €, Fixkostenblock = 210.000 €. Keine Bestandsveränderungen. Das Betriebsergebnis ist zu ermitteln.

Die Lösung finden Sie auf Seite 105.

Aufgabe 7: Ermittlung des Deckungsbeitrags und des Betriebsergebnisses **

Eine Möbelfabrik hat sich auf die Fertigung von Klappstühlen spezialisiert. Die variablen Kosten je Stuhl betragen 16 €. Die fixen Kosten des Unternehmens betragen monatlich 28.000 €. Mit den Abnehmern ist ein fester Preis von 32 € vereinbart. Im April werden 1.500 gefertigt, im Mai 2.000, im Juni 2.200. Für jeden Monat sind zu ermitteln:

a) der Deckungsbeitrag je Stuhl,

b) das Auftragsergebnis je Stuhl und das Betriebsergebnis in den Monaten April, Mai, Juni.

Die Lösung finden Sie auf Seite 106.

Aufgabe 8: Absatzförderung bei Produkten mit unterschiedlichen Deckungsbeiträgen ***

Ein Hersteller von Elektrogeräten hat in einer Abrechnungsperiode drei Typen Bügeleisen gefertigt. Die Betriebseinrichtungen werden für alle drei Typen in der gleichen Weise genutzt.

a) Aus den folgenden Angaben sind die Deckungsbeiträge der drei Typen (Kostenträgerzeitrechnung) und das Betriebsergebnis der Abrechnungsperiode zu ermitteln.

	Typ 1	Typ 2	Typ 3
1. variable Kosten (gesamt)			
Fertigungsmaterial	80.000 €	20.000 €	50.000 €
Fertigungslöhne	32.000 €	8.000 €	20.000 €
variable Gemeinkosten	38.400 €	12.800 €	40.000 €
2. fixe Kosten (gesamt) 150.000 €			
3. gefertigte Stückzahl	4.000	1.000	2.500
4. Verkaufspreis je Stück	56 €	72 €	44 €

b) Das Ergebnis ist zu erläutern.

Die Lösung finden Sie auf Seite 106.

AUFGABE

Aufgabe 9:   Ermittlung der Gewinnschwelle **

Ein Betrieb stellt Einkaufswagen her. Die Kapazität würde für die Herstellung von monatlich 5.000 Stück reichen. Bei einer monatlichen Fertigung von 4.000 Stück und von 2.000 Stück ergeben sich die folgenden Werte.

	4.000 Stück monatl. Fertigung		2.000 Stück monatl. Fertigung	
	gesamt €	pro Stück €	gesamt €	pro Stück €
Erlöse	400.000	100	200.000	100
- variable Kosten	200.000	50	100.000	50
= Deckungsbeitrag	200.000	50	100.000	50
- fixe Kosten	100.000	25	100.000	50

Es sind jeweils die variablen Kosten, der Deckungsbeitrag, die fixen Kosten und das Ergebnis insgesamt und je Stück in einer Tabelle darzustellen.

a) Die variablen Kosten und das Ergebnis sind zu ermitteln für die Fälle, dass

  ► die Kapazität voll ausgelastet ist,

  ► monatlich 4.500 Einkaufswagen gefertigt werden,

  ► monatlich 1.000 Einkaufswagen gefertigt werden.

b) Wie viele Einkaufswagen müssen – ausgehend von 2.000 Stück monatlicher Fertigung – zusätzlich gefertigt werden, um die Gewinnschwelle zu halten, wenn der Fixkostenblock aufgrund einer Erweiterungsinvestition um 20.000 € ansteigt?

c) Auf wie viele Einheiten verändert sich die Gewinnschwellenmenge, wenn der Verkaufserlös bei unveränderten Kosten (s. obige Tabelle) auf 90 € je Einkaufswagen gesenkt wird?

d) Die Gewinnschwellenmenge ist für den Fall zu ermitteln, dass infolge von Einsparungen bei Material und Löhnen die variablen Kosten je Einheit bei unverändertem Fixkostenblock auf 40 € gesenkt werden können.

e) Bei welcher Ausbringungsmenge wird der Break-even-Point bei einem Deckungsbeitrag von 25 € je Einkaufswagen erreicht?

Die Lösung finden Sie auf Seite 107.

Aufgabe 10: Ermittlung von Verkaufserlös und Gewinnschwellenmenge *

Die Gesamtkosten eines Industriebetriebs betragen bei einer Fertigung von 3.500 Einheiten 120.000 €, die Fixkosten 50.000 €. Es wurde ein negatives Ergebnis von 8.000 € erwirtschaftet. Der Verkaufserlös und die Gewinnschwelle sind zu ermitteln.

Die Lösung finden Sie auf Seite 108.

Aufgabe 11: Ermittlung von Gewinnschwelle und Betriebsergebnis *

Ein Hersteller von Mikrowellengeräten kann mit der vorhandenen Ausrüstung monatlich 2.400 Geräte fertigen. Die monatlichen Fixkosten betragen 240.000 €. Die Geräte werden für 300 € je Stück (ohne USt.) verkauft. Die variablen Kosten je Gerät setzen sich zusammen aus:

Materialeinzelkosten	50 €
+ Fertigungslöhne	30 €
+ variable Gemeinkosten	100 €
variable Kosten je Stück	180 €

a) Bei welcher Monatsproduktion liegt die Gewinnschwelle?

b) Bei welchem Beschäftigungsgrad liegt die Gewinnschwelle wenn der Betrieb 2.000 Stück herstellt.

c) Welches Ergebnis wird bei monatlicher Fertigung und Verkauf von 2.400 Geräten erreicht?

Die Lösung finden Sie auf Seite 108.

Aufgabe 12: Auswirkung einer Preissenkung auf Gewinnschwelle, Beschäftigungsgrad, Deckungsbeitrag und Ergebnis je Einheit **

Ein Industriebetrieb hat bei Fertigung eines einzigen Produktes eine Kapazität von 10.000 Stück im Monat. Zurzeit werden 7.500 Stück je Monat gefertigt und zu einem Preis von 50 € je Stück verkauft. Die variablen Kosten je Stück betragen 20 €, die Fixkosten des Betriebs 180.000 € monatlich. Eine Marktanalyse hat ergeben, dass bei einer Preissenkung von 10 % ca. 2.000 Einheiten zusätzlich abgesetzt werden können. Sie sollen feststellen, wie sich die Herabsetzung des Preises bei unverändertem Kostenverhalten auswirken würde auf

a) die Gewinnschwelle,

b) den Beschäftigungsgrad,

c) den Deckungsbeitrag,

d) das Ergebnis je Einheit und insgesamt.

Die Lösung finden Sie auf Seite 108.

AUFGABE

Aufgabe 13:   Auswirkung einer Preissenkung auf Gewinnschwelle, Beschäftigungsgrad, Deckungsbeitrag und Ergebnis je Einheit bei Erhöhung der variablen Kosten **

Der Betrieb aus Aufgabe 12 arbeitet bei sonst gleichbleibenden Ausgangswerten mit 30 € variablen Kosten je Stück und einem Fixkostenblock von 100.000 €. Die Auswirkungen einer Preissenkung von 10 %, d. h. von 50 € auf 45 €, auf

a) die Gewinnschwelle,

b) den Beschäftigungsgrad,

c) den Deckungsbeitrag,

d) das Ergebnis je Einheit und insgesamt

sind zu ermitteln.

Die Lösung finden Sie auf Seite 109.

AUFGABE

Aufgabe 14:   Hereinnahme von Zusatzaufträgen ***

Bei Fertigung von 100.000 Stück Gartenscheren je Monat fallen bei der Firma Gartenmeister die folgenden Kosten an:

Vollkostenrechnung	gesamt €	fixe Kosten €	variable Kosten €
Materialeinzelkosten	100.000	0	100.000
+ MGK	10.000	8.000	2.000
+ Fertigungslöhne	100.000	0	100.000
+ FGK	390.000	282.000	108.000
Herstellkosten	600.000	290.000	310.000
+ Verwaltungs-GK	40.000	36.000	4.000
+ Vertriebs-GK	60.000	54.000	6.000
Selbstkosten	700.000	380.000	320.000
Umsatzerlöse	800.000		
Gewinn	100.000		

Die vorhandene Kapazität würde die Fertigung von 140.000 Gartenscheren im Monat zulassen.

a) Welches Gesamtergebnis würde die Firma Gartenmeister erzielen, wenn die Firma Kaufstadt

    aa) 35.000 Rosenscheren zum Preis von 5 €/Stück,

    ab) 10.000 Rosenscheren zum Preis von 4 €/Stück abnehmen würde?

b) Welche Überlegungen stellen Sie als Inhaber der Firma Gartenmeister an, wenn die Firma Kaufstadt 50.000 Rosenscheren kaufen möchte?

Die Lösung finden Sie auf Seite 110.

AUFGABE

Aufgabe 15: Optimale Sortimentsgestaltung ***

Ein Fabrikant will sein Sortiment so gestalten, dass er das optimale Gesamtergebnis erwirtschaftet. Welche Überlegungen sind anzustellen hinsichtlich

a) des Kostenanfalls,

b) der vorhandenen Engpässe in der Fertigung,

c) des Absatzmarktes?

Die Lösung finden Sie auf Seite 111.

AUFGABE

Aufgabe 16: Definition der kurzfristigen und der langfristigen Preisuntergrenze *

Erklären Sie, was unter der kurzfristigen Preisuntergrenze und was unter der langfristigen Preisuntergrenze zu verstehen ist. Geben Sie an, ob diese Begriffe der Teilkostenrechnung oder der Vollkostenrechnung zuzurechnen sind.

Die Lösung finden Sie auf Seite 111.

AUFGABE

Aufgabe 17: Ermittlung der kurzfristigen und der langfristigen Preisuntergrenze *

Ein Industriebetrieb produziert monatlich 5.000 Stück eines Erzeugnisses. Die variablen Kosten betragen 50 € je Stück. Der Fixkostenblock beträgt 200.000 €. Zu ermitteln sind

a) die kurzfristige Preisuntergrenze,

b) die langfristige Preisuntergrenze.

Die Lösung finden Sie auf Seite 111.

Aufgabe 18: Veränderung von Beschäftigungsgrad, Stückkosten, Deckungsbeitrag und Gesamtergebnis bei Hereinnahme von Zusatzaufträgen ***

Ein Betrieb stellt Taschenrechner her, die er für 34 € über den Fachhandel verkauft. Bei einer Fertigung von monatlich 4.000 Stück ist die Kapazität des Betriebs zu 80 % ausgelastet. Die variablen Kosten je Stück betragen 18 €, die monatlichen Fixkosten 48.000 €. Ein Exporteur möchte langfristig pro Monat 500 Taschenrechner für 25 € je Stück abnehmen. Die bisherige Produktion könnte unverändert verkauft werden.

a) Welcher Beschäftigungsgrad würde bei Annahme des zusätzlichen Auftrages erreicht?

b) Wie würden sich die Stückkosten sowie die Anteile an variablen und fixen Kosten je Taschenrechner bei Annahme des Auftrags verändern?

c) Der Deckungsbeitrag je Taschenrechner aus dem Zusatzauftrag ist zu ermitteln.

d) Mit welchem Betrag wirkt sich der Zusatzauftrag auf das Ergebnis des Unternehmens aus?

Die Lösung finden Sie auf Seite 112.

Aufgabe 19: Deckungsbeitragsrechnung bei verschlechterten Absatzmöglichkeiten ***

Die Absatzmöglichkeiten eines Herstellers von CD-Playern haben sich infolge eines konjunkturellen Abschwungs und der verschärften Konkurrenz aus Asien wesentlich verschlechtert. Auch die Fertigung auf Lager bringt ein großes Risiko mit sich, da sowohl der technische Fortschritt als auch die Dauer des Konjunkturtiefs nicht berechenbar sind. Um die für monatlich 1.200 Geräte ausgelegte Fertigungskapazität nutzen zu können, soll der Verkaufspreis von 230 € auf 200 € gesenkt werden. Die monatlichen Fixkosten betragen 120.000 €, die variablen Kosten je CD-Player betragen 120 €. Prüfen Sie die Richtigkeit der Entscheidung, indem Sie

a) den Deckungsbeitrag und Beitrag je Stück zum Gesamtgewinn des Unternehmens bei einem Verkaufspreis von jeweils 230 € und von 200 € errechnen,

b) den gesamten Deckungsbeitrag und den gesamten Beitrag zum Erfolg des Unternehmens errechnen bei

► Einschränkung der produzierten Menge auf 1.000 Stück,

► vorübergehender Einstellung der Produktion.

c) Nennen Sie weitere Möglichkeiten der Bewirtschaftung und die Folgen einer Einschränkung der Produktion für die nahe und die ferne Zukunft des Unternehmens auch im Hinblick auf den Bestand an Maschinen und Facharbeitern.

Die Lösung finden Sie auf Seite 112.

AUFGABE

Aufgabe 20: Grenzen und Gefahren bei Preissenkungen unter die Vollkosten ***

Erläutern Sie, warum kurzfristig zu Preisen verkauft werden kann, die nicht die Vollkosten decken und zeichnen Sie die Grenzen und Gefahren – auch im Hinblick auf die Bilanzierung – auf.

Die Lösung finden Sie auf Seite 113.

AUFGABE

Aufgabe 21: Maßnahmen bei Verschlechterung der Marktsituation *

Die Kapazität eines Betriebs wird nicht voll genutzt. Zu Preisen, die die Vollkosten decken, sind am Markt keine Aufträge zu bekommen. Was empfehlen Sie der Unternehmensleitung, wenn

a) die ungünstige Marktsituation nur eine vorübergehende Erscheinung ist?

b) mit einer Veränderung der Situation am Absatzmarkt nicht mehr zu rechnen ist?

Gehen Sie außer auf die Preisgestaltung auch auf mögliche Maßnahmen bei den Produktionsfaktoren Arbeit und Maschinen ein.

Die Lösung finden Sie auf Seite 113.

AUFGABE

Aufgabe 22: Relativer Deckungsbeitrag I ***

Ein Industriebetrieb stellt drei Produkte unter den folgenden Bedingungen her:

	Produkt 1	Produkt 2	Produkt 3
Deckungsbeitrag je Stück	200 €	300 €	500 €
gefertigte Stückzahl je Monat	1.500	1.500	500

a) Die Kapazität des Betriebs reicht für die Fertigung von insgesamt 3.200 Einheiten, egal von welchem Produkt. Welche Stückzahl je Produkt fertigen Sie, wenn der Markt

a) alle Produkte unbegrenzt aufnimmt?

b) von jedem Produkt nur maximal 1.200 Stück aufnimmt?

b) In der Fertigung besteht ein Engpass bei einer teuren Spezialmaschine, die alle drei Produkte mit je einem Arbeitsgang belegen. Der gleiche Arbeitsgang nimmt bei dieser Maschine bei Produkt 1 jeweils 10 Minuten, bei Produkt 2 jeweils 20 Minuten und bei Produkt 3 jeweils 30 Minuten in Anspruch. Wie viele Einheiten fertigen Sie von jedem Produkt, wenn je Produkt maximal 1.500 Einheiten verkauft werden können und die Gesamtfertigungszeit auf dieser Maschine 850 Std. nicht überschreiten darf.

Die Lösung finden Sie auf Seite 113.

Aufgabe 23: Relativer Deckungsbeitrag II ***

Die Produkte 1, 2, 3 und 4 durchlaufen unter anderem die Abteilung Qualitätsprüfung, in der aufgrund der Ausstattung mit teuren Messgeräten monatlich maximal 3.200 Arbeitsstunden geleistet werden können. Für die Qualitätsprüfung der einzelnen Produkte fallen die folgenden Zeiten und Deckungsbeiträge an:

Produkt	Arbeitszeit je Stück	Deckungsbeitrag je Stück
1	20 Min.	30 €
2	10 Min.	20 €
3	30 Min.	40 €
4	15 Min.	15 €

a) Der relative Deckungsbeitrag je Produkt ist zu ermitteln.

b) Wie viele Einheiten von jedem Produkt sollen produziert werden, wenn von jedem der vier Produkte monatlich maximal 3.000 Stück verkauft werden können.

Die Lösung finden Sie auf Seite 114.

Aufgabe 24: Entscheidung über Eigenfertigung oder Fremdbezug in der Teilkostenrechnung **

Sie betreiben eine Maschinenfabrik und benötigen eine Vorrichtung für die Herstellung einer Serie bestimmter Geräte. Da die eigenen Werkstätten nicht voll ausgelastet sind, stehen Sie vor der Frage, ob die Vorrichtung im eigenen Betrieb hergestellt oder gekauft werden soll (**make or buy**).

Der **Einkaufsabteilung** liegt das folgende Angebot vor: Listenpreis 20.000 €, 10 % Rabatt auf den Listenpreis. Für Transport und Versicherung werden weitere 1.100 € anfallen.

Die **Kostenrechnung** liefert die folgenden Werte für den Fall der Eigenfertigung: Bei der gegenwärtigen Auslastung beläuft sich der monatliche Kostenanfall für das gesamte Unternehmen auf

100.000 € für Fertigungsmaterial,

20.000 € für Materialgemeinkosten, davon 12.000 € fix,

100.000 € für Fertigungslöhne,

500.000 € für Fertigungsgemeinkosten, davon 300.000 € fix,

72.000 € für Verwaltungsgemeinkosten, davon 50.000 € fix,

144.000 € für Vertriebsgemeinkosten, davon 120.000 € fix.

Für die Herstellung der Vorrichtung werden anfallen: Fertigungsmaterial 7.000 €, Fertigungslöhne 3.000 €. Kosten für die Beschaffung des Fertigungsmaterials 200 €.

Die jeweils bei Eigenfertigung und bei Fremdbezug anfallenden Kosten sind zu ermitteln und der Entscheidung für Kauf oder Fremdbezug zugrunde zu legen.

Lösungshinweis: Zu berücksichtigen sind nur die Kosten, die im Falle der Eigenfertigung zusätzlich anfallen werden.

Würden Sie die Vorrichtung kaufen oder im eigenen Betrieb herstellen?

Die Lösung finden Sie auf Seite 115.

AUFGABE

Aufgabe 25:   Mehrstufige Deckungsbeitragsrechnung I *

In einem Industriebetrieb sind im Monat Mai angefallen:

	Produkt A	Produkt B
Produktions- und Absatzmenge	500 Stück	900 Stück
Stückpreis	460 €	320 €
variable Kosten je Stück	200 €	150 €
Erzeugnis-Fixkosten	75.000 €	117.000 €
Unternehmens-Fixkosten	56.000 €	

Die Deckungsbeiträge und das Betriebsergebnis sind zu ermitteln.

Die Lösung finden Sie auf Seite 116.

AUFGABE

Aufgabe 26:   Mehrstufige Deckungsbeitragsrechnung II *

Die GmbH stellt 5 Produkte her. Im Monat Juni sind angefallen:

Produkte	A €	B €	C €	D €	E €
Umsatzerlöse	190.000	300.000	220.000	120.000	100.000
variable Kosten	48.000	80.000	40.000	30.000	30.000
Erzeugnis-Fixkosten	12.000	60.000	30.000	25.000	20.000
Erzeugnisgruppen-Fixkosten	25.000		0	15.000	
Bereichs-Fixkosten	120.000			140.000	
Unternehmens-Fixkosten	160.000				

Die Deckungsbeiträge und das Betriebsergebnis sind zu ermitteln.

Die Lösung finden Sie auf Seite 116.

AUFGABE

Aufgabe 27: Deckungsbeiträge als Basis unternehmerischer Entscheidungen ***

Erläutern Sie, auf welche Weise die Deckungsbeitragsrechnung der Geschäftsleitung bei den folgenden Entscheidungen helfen kann.

a) Ermittlung des kritischen Beschäftigungsgrades (Break-even-Point).

b) Preisdifferenzierung für ein Erzeugnis auf mehreren Teilmärkten.

c) Produktionsentscheidungen bei vorübergehendem Umsatzrückgang.

d) Entscheidungen über die Zusammensetzung des Sortiments.

e) Entscheidungen über die Annahme von Zusatzaufträgen, bzw. die Herausgabe von Aufträgen oder Eigenfertigung.

Die Lösung finden Sie auf Seite 116.

AUFGABE

Aufgabe 28: Ermittlung der Deckungsbeiträge bei artverwandten Produkten ***

Ein Fertigungsbetrieb stellt drei artverwandte Produkte her, deren proportionale Kosten je Stück sich im Verhältnis 1 : 1,5 : 2 verhalten. Von der Sorte A, die die niedrigsten proportionalen Kosten je Stück verursacht, werden in der Abrechnungsperiode 100 Stück hergestellt, von der Sorte B 200 Stück und von der Sorte C, die die höchsten proportionalen Kosten je Stück verursacht, werden 300 Stück hergestellt. Die proportionalen Kosten für die drei Sorten belaufen sich auf 36.000 €, der Fixkostenblock beläuft sich auf 8.000 €. Die Verkaufspreise betragen 50 € je Stück bei der Sorte A, 70 € bei der Sorte B und 90 € bei der Sorte C.

Zu berechnen sind

a) für jede Sorte die proportionalen Kosten je Stück und gesamt,

b) für jede Sorte der Deckungsbeitrag je Stück und gesamt,

c) der Gewinn in der Abrechnungsperiode.

Die Lösung finden Sie auf Seite 117.

VIII. Plankostenrechnung

Aufgabe 1: Ermittlung des Plankostensatzes, der Gesamtabweichung und Gründe für eine Überdeckung *

Planbeschäftigung 30.000 Stück, Plankosten 150.000 €. Ist-Ausbringung 35.000 Stück, Istkosten 165.000 €.

a) Der Planverrechnungssatz je Stück ist zu ermitteln.

b) Die Gesamtabweichung ist zu ermitteln.

c) Der Grund für die Überdeckung ist darzustellen.

Die Lösung finden Sie auf Seite 118.

Aufgabe 2: Begrenzte Aussagekraft der starren Plankostenrechnung *

Warum hat die rechnerische Über- oder Unterdeckung bei einer starren Plankostenrechnung nur eine sehr begrenzte Aussagekraft?

Die Lösung finden Sie auf Seite 118.

Aufgabe 3: Unterscheidung von Beschäftigungs- und Verbrauchsabweichung *

Wodurch unterscheiden sich Beschäftigungs- und Verbrauchsabweichungen?

Die Lösung finden Sie auf Seite 118.

Aufgabe 4: Heraushalten von Preisschwankungen aus der Kostenkontrolle *

Auf welche Weise werden Preisschwankungen aus der Kostenkontrolle herausgehalten?

Die Lösung finden Sie auf Seite 119.

Aufgabe 5: Abweichungsanalyse und Ermittlung des Fixkostenanteils an den Gesamtkosten der Istbeschäftigung *

Für die Fräserei wurde eine Produktion von 4.000 Einheiten pro Monat geplant. Die Plankosten betragen 60.000 €. Bei Planbeschäftigung beträgt der Anteil der fixen Kosten 40 %. Für den abgelaufenen Monat werden in der Kostenstellenrechnung 52.000 € Istkosten ermittelt. Die Planbeschäftigung wurde um 20 % unterschritten.

a) Die Beschäftigungsabweichung und die Verbrauchsabweichung sind zu ermitteln.

b) Der Fixkostenanteil an den Gesamtkosten der Istbeschäftigung ist festzustellen.

Die Lösung finden Sie auf Seite 119.

Aufgabe 6: Rechnung mit einem Variator *

In einer Kostenstelle fallen 9.000 € variable Kosten an. Die Plankosten der Kostenstelle betragen 30.000 €.

a) Ermitteln Sie den Variator.

b) Definieren Sie den Begriff Variator.

Die Lösung finden Sie auf Seite 120.

Aufgabe 7: Plankostenrechnung **

Für eine Fertigungskostenstelle wurden ermittelt:

Istbeschäftigung	1.500 Std.
Verrechnete Plankosten	30.000 €
Sollkosten	36.000 €
Geplante Fixkosten	24.000 €

a) Ermitteln Sie die Planbeschäftigung der Kostenstelle in Stunden.

b) Errechnen Sie die Plankosten und die Sollkosten pro Stunde bei Planbeschäftigung.

c) Errechnen Sie die Verbrauchsabweichung bei einer Istbeschäftigung von 1.600 Stunden.

d) Errechnen Sie die Beschäftigungsabweichung bei einer Istbeschäftigung von 1.720 Stunden.

Die Lösung finden Sie auf Seite 120.

Aufgabe 8: Ermittlung und Begründung von Abweichungen bei flexibler Plankostenrechnung ***

Bei einer Kapazitätsauslastung von 500 Arbeitsstunden im Monat fallen im Fertigungsbereich 100.000 € Gesamtkosten an. Davon sind 55 % fixe Kosten. Der Betrieb rechnet damit, dass im Folgemonat 440 Arbeitsstunden anfallen werden. Nach Abschluss des Folgemonats sind tatsächlich 462 Arbeitsstunden bei 98.000 € Gesamtkosten angefallen.

a) Um wie viel Prozent weicht die Istbeschäftigung von der Planbeschäftigung ab?

b) Welche Gründe könnten für die Beschäftigungsabweichung vorliegen?

c) Die Beschäftigungs-, die Verbrauchs- und die Gesamtabweichung sind zu ermitteln.

d) Wodurch könnten die Abweichungen begründet sein?

Die Lösung finden Sie auf Seite 121.

Aufgabe 9: Umfassende Aufgabe zur flexiblen Plankostenrechnung auf Vollkostenbasis ****

Kostenstellenblatt als Basis für die Ermittlung der Plankosten in der Fräserei bei einer Beschäftigung von 1.600 Std./Monat bzw. 8.000 gefertigten Einheiten/Monat:

Kostenart	Gesamtkosten €	fixe Kosten €	variable Kosten €
Hilfsstoffkosten	1.000	0	1.000
Betriebsstoffkosten	3.000	490	2.510
Fertigungslöhne	20.000	0	20.000
Hilfslöhne	5.000	2.100	2.900
Soziale Abgaben	5.200	410	4.790
Sonstige Gemeinkosten	15.800	15.000	800
Gesamt	50.000	18.000	32.000

Die Bearbeitungszeit je Einheit in der Fräserei beträgt 12 Minuten. Bei einer Fertigung von 8.000 Einheiten wurde für 24.000 € Fertigungsmaterial verbraucht.

Die Planbeschäftigung wird mit 1.920 Std./Monat bzw. 9.600 Einheiten/Monat festgelegt.

Im Monat Januar des Folgejahrs (Planjahr) sind 8.400 Einheiten gefertigt worden. Dabei sind 52.000 € Gesamtkosten angefallen. Neben der Fräserei nimmt das Produkt auch die Dreherei und die Montage in Anspruch. Für die Dreherei wurde bereits ein Plankostenverrechnungssatz von 8,20 € und für die Montage ein Satz von 2,625 € (3 Nachkommastellen!) ermittelt. Weitere Zuschlagsätze: 10 % MGK, 15 % VwGK, 12 % VtGK. Der Verbrach an Fertigungsmaterial im Januar stimmt mit den Plankosten überein.

a) Die Plankostenverrechnungssätze pro Einheit für das Fertigungsmaterial und für die Fertigungskosten in der Fräserei sind zu ermitteln.

b) Die Planselbstkosten pro Einheit sind in Form einer Zuschlagskalkulation zu ermitteln.

c) Die Sollkosten sind zu ermitteln.

d) Die Beschäftigungs-, die Verbrauchs- und die Gesamtabweichung sind zu ermitteln.

Die Lösung finden Sie auf Seite 122.

AUFGABE

Aufgabe 10:   Grenzplankostenrechnung ***

In der Grenzplankostenrechnung eines Betriebs liegen für die Kostenstelle Fräserei die folgenden Werte vor:

Kapazitätsplanung:	Planbeschäftigung	100 %
	Planbezugsgröße	3.200 Std.
	Summe Plankosten	320.000 €
	Fixe Plankosten	160.000 €
Engpassplanung:	Planbeschäftigung	75 %
	Planbezugsgröße	2.400 Std.
	Summe Plankosten	280.000 €
	Fixe Plankosten	160.000 €
Istbeschäftigung:	Istbeschäftigungsgrad	70 %
	Istbezugsgröße	2.240 Std.
	Summe Istkosten	278.000 €
	Fixe Kosten	160.000 €

Zu ermitteln sind für die Kapazitätsplanung und für die Engpassplanung:

a) die Plankostenverrechnungssätze,

b) die verrechneten Plankosten,

c) die Verbrauchsabweichungen,

d) die Nutzkosten,

e) die Leerkosten.

Die Lösung finden Sie auf Seite 124.

IX. Rechnen mit Maschinenstundensätzen

Aufgabe 1: Errechnung der Maschinenstundensätze bei unterschiedlichen Laufzeiten *

Maschinenabhängige Kosten 14.820 €, davon fix 11.310 €, variabel 3.510 € bei einer Laufzeit von 130 Std. Welcher Maschinenstundensatz ergibt sich bei einer Laufzeit von

a) 150 Stunden,

b) 100 Stunden?

Die Lösung finden Sie auf Seite 125.

Aufgabe 2: Auswirkung der Maschinenlaufzeit auf den Maschinenstundensatz *

Wie wirkt sich

a) eine Erhöhung,

b) eine Verminderung

der monatlichen Maschinenlaufzeit auf den Maschinenstundensatz aus?

Die Lösung finden Sie auf Seite 125.

Aufgabe 3: Errechnung des Maschinenstundensatzes bei Einschichtbetrieb ***

Anschaffungswert der Maschine 800.000 €, Wiederbeschaffungswert 1.000.000 €. Nutzungsdauer 10 Jahre, marktüblicher Zinssatz 8 %, kalkulatorische Miete für den Maschinenplatz 1.800 € jährlich, Instandhaltungs- und Wartungskosten jährlich 9.000 €, davon 360 € fix, Werkzeugkosten 8.400 €, Energiekosten jährlich 10.800 €, davon 600 € fixe Kosten. Geplante Maschinenlaufzeit jährlich 1.800 Stunden.

Die maschinenabhängigen Gemeinkosten je Laufstunde sind zu ermitteln.

a) Errechnen Sie den Maschinenstundensatz.

b) In welchem Fall sollte die kalkulatorische Abschreibung zeitabhängig und wann sollte sie leistungsabhängig verrechnet werden?

Die Lösung finden Sie auf Seite 125.

AUFGABE

Aufgabe 4:   Errechnung des Maschinenstundensatzes bei Mehrschichtbetrieb ***

Die Anschaffungskosten eines Automaten betragen 315.000 €, die Wiederbeschaffungskosten 360.000 €, die betriebsgewöhnliche Nutzungsdauer 10 Jahre, landesüblicher Zinssatz 8 %. Die Energieaufnahme des Automaten bei mittlerer Inanspruchnahme je Laufstunde beträgt 30 kWh. Der Arbeitspreis für eine kWh ist mit 0,20 €/kWh anzusetzen, die Grundgebühr für die Stromversorgung mit 80 € monatlich. Einschließlich des erforderlichen Arbeitsplatzes nimmt der Automat eine Fläche von 30 qm in Anspruch. Die kalkulatorische Miete wird mit monatlich 5 €/qm verrechnet. Das Unternehmen geht von 6.000 € jährlichen Wartungs- und Instandhaltungskosten und monatlichen Werkzeugkosten von 300 € aus. Bei der Ermittlung der Maschinenlaufzeit soll von 38 Arbeitsstunden je Woche, bei 52 Wochen im Jahr ausgegangen werden. Es wird mit einem durchschnittlichen Arbeitsausfall gerechnet mit jährlich 60 Std. wegen Krankheit, 12 Feiertagen, 190 Std. wegen Urlaub, 2 Std. wöchentlich für Wartung und jährlich 30,8 Std. für eine Generalüberholung.

Der Maschinenstundensatz ist zu ermitteln:

a) Bei Einschichtbetrieb ohne Berücksichtigung einer Aufteilung in fixe und variable Kosten.

b) Bei Einschichtbetrieb als Verrechnungssatz für die variablen Kosten (zur Ermittlung der kurzfristigen Preisuntergrenze).

c) Bei Zweischichtbetrieb als Verrechnungssatz zur Ermittlung der langfristigen Preisuntergrenze.

d) Bei Zweischichtbetrieb als Verrechnungssatz zur Ermittlung der kurzfristigen Preisuntergrenze.

Die Lösung finden Sie auf Seite 126.

X. Prozesskostenrechnung

Aufgabe 1: Der Begriff „Prozess" in der Kostenrechnung ***

a) Definieren Sie in einem Satz den Begriff „Prozess" in der Kostenrechnung.

b) Nennen Sie fünf Merkmale, die einen Prozess kennzeichnen.

Die Lösung finden Sie auf Seite 128.

Aufgabe 2: Arbeitsschritte bei Einführung der Prozesskostenrechnung ***

Versuchen Sie – möglichst losgelöst vom Text im Lehrbuch – die Arbeitsschritte bei der Einführung der Prozesskostenrechnung in ihrer zeitlichen Reihenfolge aufzulisten.

Die Lösung finden Sie auf Seite 128.

Aufgabe 3: Berichterstattung zur Prozesskostenrechnung ***

Ist die Prozesskostenrechnung einmal eingeführt, sollten in regelmäßigen Abständen Berichte über Fortschritte bei der Optimierung der Geschäftsprozesse erstellt werden. Die Berichte dienen der Aufdeckung von Optimierungspotenzialen und der Erfolgskontrolle von Optimierungsmaßnahmen. Die bei der Prozessoptimierung geschaffenen Leerkapazitäten müssen entweder schrittweise abgebaut oder für andere oder neue wertschöpfende Aktivitäten genutzt werden.

Schlagen Sie vor, welche Fragen die Berichterstattung beantworten sollte.

Die Lösung finden Sie auf Seite 129.

Aufgabe 4: Begriffe der Prozesskostenrechnung *

Die Maschinenbau GmbH will eine prozessorientierte Kostenrechnung einführen und damit in der Kostenstelle Materialbeschaffung beginnen.

a) Wie heißt der Hauptprozess?

b) Definieren Sie den Begriff „Kostentreiber" (cost driver).

c) Nennen Sie mindestens drei Teilprozesse in der Materialbeschaffung und die zugehörigen Kostentreiber.

d) Erklären Sie den Unterschied zwischen leistungsmengenabhängigen und leistungsmengen-neutralen Teilprozessen.

Die Lösung finden Sie auf Seite 129.

AUFGABE

Aufgabe 5: Merkmale der Prozesskostenrechnung *

Nennen Sie die besonderen Merkmale der Prozesskostenrechnung.

Die Lösung finden Sie auf Seite 130.

AUFGABE

Aufgabe 6: Ermittlung der Teilprozesskostensätze ***

In der Kostenstelle Einkauf wurden die folgenden Teilprozesse definiert:

TP1   Einkaufanforderung aus dem Betrieb

TP2   Lieferantenauswahl

TP3   Einkaufsauftrag

TP4   Wareneingangsmeldung

TP5   Abteilungsleitung

Zu den Teilprozessen liegen die folgenden Informationen vor:

TP	Prozessgröße (Cost Driver)	Menge	Kosten €
TP1	Anforderungen	25.000	100.000
TP2	Bestellungen	12.000	120.000
TP3	Bestellungen	12.000	300.000
TP4	Lieferungen	16.000	80.000
TP5	leistungsmengeneutral		150.000

Kostenrechner und Einkaufsleiter haben sich geeinigt, dass die Kosten der Abteilungsleitung in Relation zu den Kosten der leistungsmengeinduzierten Kosten stehen.

Der Umlagesatz für die leistungsmengenneutralen Kosten und die Teilprozesskostensätze sind zu ermitteln.

Die Lösung finden Sie auf Seite 130.

Aufgabe 7:   Ermittlung der Teilprozesskostensätze unter Berücksichtigung des Mitarbeiterbedarfs ***

Für die Kostenstelle 4711 Qualitätsmanagement liegen die folgenden Daten vor:

| Stellenbudget: | Summe der Kosten für den Abrechnungszeitraum | 800.000 € |
| | Anzahl Mitarbeiter | 5 |

Teilprozesse	Cost-Driver	Menge	MJ
Prüfpläne ändern	Produktänderungen	200	0,5
Produktqualität prüfen	gefertigte Stückzahl	200.000	2,5
Dokumentation pflegen	Verfahrensanweisungen	200	1,0
Teilnahme an QM-Zirkeln			0,5
Abteilung leiten			0,5

Die Lösung finden Sie auf Seite 131.

XI. Zielkostenrechnung

Aufgabe 1:   Die drei Schritte der Zielkostenrechnung *

Erläutern Sie in ein oder zwei Sätzen die drei Hauptschritte der Zielkostenrechnung.

Die Lösung finden Sie auf Seite 133.

Aufgabe 2:   Ermittlung des Kundennutzens, des Zielkostenindexes und der Einsparungsmöglichkeiten ****

Geplant ist die Herstellung einer Gartenliege. Die Marktanalyse hat die folgenden Produktfunktionen und deren Bedeutung für den Kunden ergeben:

Produktfunktionen		Bedeutung
F1	Komfort	30 %
F2	Verarbeitung	25 %
F3	Design	25 %
F4	Preiswürdigkeit	20 %
		100 %

Die Produktfunktionen verteilen sich lt. Marktanalyse wie folgt auf die Komponenten der Gartenliege:

Komponenten		F1	F2	F3	F4
K1	Gestell/Rahmen	20 %	40 %	35 %	30 %
K2	Verstellbare Rückenlehne	25 %	15 %	10 %	20 %
K3	Verstellbare Fußstütze	25 %	15 %	10 %	20 %
K4	Rollen	20 %	20 %	20 %	15 %
K5	Lackierung	10 %	10 %	25 %	15 %
		100 %	100 %	100 %	100 %

In der Plankostenrechnung sind vorläufige Selbstkosten in Höhe von 600 € ermittelt worden, die sich wie folgt auf die Komponenten verteilen:

Komponenten		Kostenanteil
K1	Gestell/Rahmen	40 %
K2	Verstellbare Rückenlehne	20 %
K3	Verstellbare Fußstütze	15 %
K4	Rollen	15 %
K5	Lackierung	10 %
		100 %

Aufgrund der Marktanalyse sind Zielkosten von maximal 500 € zulässig.

a) Der jeweilige Beitrag der fünf Komponenten zum gesamten Kundennutzen ist zu ermitteln.

b) Der Zielkostenindex je Komponente ist zu ermitteln und zu kommentieren.

c) Die Einsparungsmöglichkeiten sind zu ermitteln zu kommentieren.

Die Lösung finden Sie auf Seite 133.

Aufgabe 3:　Nutzung von Kostensenkungspotenzialen ***

Welche Kostensenkungspotenziale können bei der Angleichung der Zielkosten an die vorläufigen Selbstkosten genutzt werden?

Die Lösung finden Sie auf Seite 135.

Aufgabe 4:　Zielkostenmanagement, Qualitätsmanagement und Zeitmanagement als Magisches betriebliches Dreieck ***

Das Zielkostenmanagement wird nur dann erfolgreich eingeführt, wenn es im Rahmen einer Unternehmensstrategie mit dem Zeitmanagement und dem Qualitätsmanagement zum „Magischen betrieblichen Dreieck" verbunden wird.

a) Stellen Sie das „Magische betriebliche Dreieck" grafisch dar.

b) Definieren Sie die drei Säulen der Unternehmensstrategie.

c) Warum spricht man vom „magischen" betrieblichen Dreieck?

Die Lösung finden Sie auf Seite 136.

XII. Ordnungsmäßigkeit der Kostenrechnung und Qualitätskriterien

AUFGABEN

Aufgabe 1:   Im Lehrbuch werden 14 Grundsätze ordnungsmäßiger Kostenrechnung aufgezählt. Fassen Sie die Grundsätze in Aussagen zusammen. *

Die Lösung finden Sie auf Seite 137.

Aufgabe 2:   Wer ist an einer ordnungsmäßigen Kostenrechnung interessiert? *

Die Lösung finden Sie auf Seite 137.

Aufgabe 3:   Nennen Sie die Qualitätskriterien eines Kostenrechnungsverfahrens. *

Die Lösung finden Sie auf Seite 137.

XIII. Controlling

Aufgabe 1: Was sind Abweichungen und warum ist die Ermittlung und die Untersuchung von Abweichungen wichtig? *

Die Lösung finden Sie auf Seite 138.

Aufgabe 2: Erklären Sie den Begriff „beeinflussbare Kosten". *

Die Lösung finden Sie auf Seite 138.

Aufgabe 3: Welches sind die Hauptaufgaben des Berichtswesens? *

Die Lösung finden Sie auf Seite 138.

Aufgabe 4: Nennen Sie Aufgaben des Controllers. *

Die Lösung finden Sie auf Seite 138.

Aufgabe 5: Was versteht man unter „operativem Controlling" und unter „strategischem Controlling"? *

Die Lösung finden Sie auf Seite 139.

Aufgabe 6: Was sind Entscheidungsrechnungen? *

Die Lösung finden Sie auf Seite 139.

Aufgabe 7: Was versteht man unter „Erfolgspotenzialen"? *

Die Lösung finden Sie auf Seite 139.

Aufgabe 8: Welches sind die einzelnen Schritte des Rückkopplungskreislaufs bei der Unternehmensführung? *

Die Lösung finden Sie auf Seite 139.

Aufgabe 9: Welche Aufgabe hat ein Management-Informationssystem? *

Die Lösung finden Sie auf Seite 139.

Aufgabe 10: Definieren Sie den Begriff „Strategie". *

Die Lösung finden Sie auf Seite 139.

Aufgabe 11: Was verstehen Sie unter einem „Time-based Management"? *

Die Lösung finden Sie auf Seite 140.

Aufgabe 12: Erklären Sie den Begriff „Total Quality Management". *

Die Lösung finden Sie auf Seite 140.

Teil B: Lösungen

I. Grundlagen

LÖSUNG

Aufgabe 1: Erstellen der Ergebnistabelle, Abstimmungsmöglichkeiten, Beurteilung der Erfolgssituation

a) Erstellen der Ergebnistabelle

Abgrenzungsrechnung in der Abgrenzungstabelle						
Finanzbuchhaltung Rechnungskreis I			Betriebsbuchhaltung Rechnungskreis II			
Gewinn- und Verlustrechnung Gesamtergebnis			Abgrenzungsbereich Neutrales Ergebnis		Kosten- und Leistungsrechnung Betriebsergebnis	
Konto	Aufw. €	Erträge €	Aufw. €	Erträge €	Kosten €	Leistungen €
500 Umsatzerlöse		140.000				140.000
520 Bestandsveränderungen	12.300				12.300	
530 aktivierte Eigenleistung		11.000				11.000
540 Mieterträge		3.500		3.500		
546 Erträge aus Abgängen		2.100		2.100		
548 Erträge a. Aufl. Rückst.		900		900		
571 Zinserträge		120		120		
600 Rohstoffaufwendungen	29.200				29.200	
602 Hilfsstoffaufwendungen	7.110				7.110	
603 Betriebsstoffaufwend.	3.200				3.200	
605 Energie	2.100				2.100	
616 Fremdinstandhaltung	1.200				1.200	
620 Löhne	32.000				32.000	
630 Gehälter	14.800				14.800	
640 Sozialaufwendungen	11.000				11.000	
652 Abschreibungen	13.000				13.000	
680 Büromaterial	7.600				7.600	
690 Versicherungsbeiträge	540				540	
700 Kostensteuern	9.000				9.000	
746 Verluste Wertpapierverk.	1.300		1.300			
751 Zinsaufwendungen	780		780			

Summen I	145.130	157.620	2.080	6.620	143.050	151.000
Salden	12.490		4.540	0	7.950	
Summen II	157.620	157.620	6.620	6.620	151.000	151.000
	Gesamtergebnis +12.490 €		Neutr. Ergebn. +4.540 €		Betriebsergebnis +7.950 €	

b) Abstimmungsmöglichkeiten der Ergebnisse

Die Aufwendungen und die Erträge werden aus der Geschäftsbuchhaltung übernommen. Das Ergebnis des Rechnungskreises I muss mit dem Ergebnis auf dem GuV-Konto übereinstimmen. Die Summe aus Neutralem Ergebnis und Betriebsergebnis muss dem Gesamtergebnis entsprechen. Auf diese Weise erfolgt die Abstimmung zwischen den beiden Rechnungskreisen. Die vollständige Verrechnung der Kosten und Leistungen im Betriebsergebnis und die Geschlossenheit des Rechnungswesens sind sichergestellt.

c) Beurteilung der Erfolgssituation des Unternehmens

Das Unternehmen hat ein positives Ergebnis erwirtschaftet. Die Abgrenzungsrechnung ergibt, dass 64 % des Ergebnisses auf das Betriebsergebnis entfallen. Das Neutrale Ergebnis mit 36 % des Gesamtergebnisses setzt sich mit 2.840 € aus regelmäßig wiederkehrenden Beträgen (Mieterträge, Zinsaufwendungen und Zinserträgen) und mit 1.700 € aus eher einmalig anfallenden Beträgen zusammen. Der Abbau der Bestände an unfertigen und fertigen Erzeugnissen lässt auf eine gute Auftragslage schließen.

(Zusatzinformation: Die Umsatzrentabilität beträgt 5,68 %, der Cash-flow im engeren Sinne beläuft sich auf 25.490 €.)

LÖSUNG

Aufgabe 2: Erstellen der Ergebnistabelle, Beurteilung der Erfolgssituation I

a) Erstellen der Ergebnistabelle

Abgrenzungsrechnung in der Abgrenzungstabelle						
Finanzbuchhaltung Rechnungskreis I			Betriebsbuchhaltung Rechnungskreis II			
Gewinn- und Verlustrechnung Gesamtergebnis			Abgrenzungsbereich Neutrales Ergebnis		Kosten- und Leistungsrechnung Betriebsergebnis	
Konto	Aufw. €	Erträge €	Aufw. €	Erträge €	Kosten €	Leistungen €
500 Umsatzerlöse		110.000				110.000
520 Bestandsveränderungen		3.000				3.000
540 Mieterträge		5.000		5.000		
546 Erträge aus Abgängen		12.500		12.500		
571 Zinserträge		3.400		3.400		

600 Rohstoffaufwendungen	25.000					25.000	
602 Hilfsstoffaufwendungen	10.000					10.000	
616 Fremdinstandhaltung	1.200					1.200	
620 Löhne	22.000					22.000	
630 Gehälter	8.000					8.000	
640 Sozialaufwendungen	7.200					7.200	
652 Abschreibungen	8.000					8.000	
680 Büromaterial	1.200					1.200	
682 Postgebühren	1.150					1.150	
687 Werbung	3.200					3.200	
688 Spenden	200		200				
690 Versicherungsbeiträge	3.780					3.780	
700 Kostensteuern	4.500					4.500	
751 Zinsaufwendungen	1.400		1.400				
Summen I	96.830	133.900	1.600	20.900		95.230	113.000
Salden	37.070		19.300	0		17.770	
Summen II	133.900	133.900	20.900	20.900		113.000	113.000
	Gesamtergebnis + 37.070 €		Neutr. Ergebn. + 19.300 €			Betriebsergebnis + 17.770 €	

b) Beurteilung der Erfolgssituation

Das Gesamtergebnis ist positiv. Das neutrale Ergebnis beträgt 52 % des Gesamtergebnisses. Allein das neutrale Ergebnis wird auch in den Folgemonaten mit 7.000 € zum Gesamtergebnis beitragen (Miet- und Zinserträge abzüglich Zinsaufwendungen). Das Neutrale Ergebnis und das Gesamtergebnis wurden einmalig im Abrechnungsmonat durch 12.500 € Erträge aus Abgängen beeinflusst.

Das Betriebsergebnis macht 48 % des Gesamtergebnisses aus. Im Abrechnungsmonat wurde mehr hergestellt als verkauft. Die Erträge aus Abgängen mit 33,72 % des Gesamtergebnisses dürften in den Folgemonaten nicht wieder anfallen. Sollten auch in den Folgemonaten Bestandsmehrungen durch Produktion auf Lager anfallen, muss mit einem zurückgehenden Betriebsergebnis gerechnet werden.

(Zusatzinformation: Die Umsatzrentabilität beträgt im Abrechnungsmonat 16,15 %. Der Cashflow im engeren Sinne kann mit 45.070 € ebenfalls als sehr gut bezeichnet werden.)

Aufgabe 3:   Erstellen der Ergebnistabelle, Beurteilung der Erfolgssituation II

a)   Erstellen der Ergebnistabelle

Abgrenzungsrechnung in der Abgrenzungstabelle						
Finanzbuchhaltung Rechnungskreis I			Betriebsbuchhaltung Rechnungskreis II			
Gewinn- und Verlustrechnung Gesamtergebnis			Abgrenzungsbereich Neutrales Ergebnis		Kosten- und Leistungsrechnung Betriebsergebnis	
Konto	Aufw. €	Erträge €	Aufw. €	Erträge €	Kosten €	Leistungen €
500 Umsatzerlöse		190.000				190.000
520 Bestandsveränderungen		10.000				10.000
540 Mieterträge		2.000		2.000		
546 Erträge aus Abgängen		2.000		2.000		
571 Zinserträge		800		800		
600 Rohstoffaufwendungen	30.000				30.000	
602 Hilfsstoffaufwendungen	14.500				14.500	
616 Fremdinstandhaltung	9.000				9.000	
620 Löhne	86.000				86.000	
630 Gehälter	23.000				23.000	
640 Sozialaufwendungen	26.800				26.800	
652 Abschreibungen	12.000				12.000	
680 Büromaterial	1.900				1.900	
682 Postgebühren	2.450				2.450	
687 Werbung	1.780				1.780	
688 Spenden	300		300			
690 Versicherungsprämien	4.590				4.590	
700 Kostensteuern	5.600				5.600	
751 Zinsaufwendungen	9.600		9.600			
Summen I	227.520	204.800	9.900	4.800	217.620	200.000
Salden		22.720		5.100		17.620
Summen II	227.520	227.520	9.900	9.900	217.620	217.620
	Gesamtergebnis − 22.720 €		Neutr. Ergebn. − 5.100 €		Betriebsergebnis − 17.620 €	

b)   Beurteilung der Erfolgssituation

Gesamtergebnis, Betriebsergebnis und Neutrales Ergebnis sind negativ. Aus den regelmäßig anfallenden Posten für Mieterträge, Zinserträge und Zinsaufwendungen (Saldo 6.800 €) ergibt sich, dass auch in den Folgemonaten mit einem negativen Neutralen Ergebnis gerechnet werden muss.

Der Personalkostenanteil im Betriebsergebnis beträgt 67,9 % der Gesamtleistung. 5 % der Leistungen werden für das Lager produziert. Berücksichtigt man, dass Personalkosten i. d. R. nicht kurzfristig abgebaut werden können, kann eine Ergebnisverbesserung nur durch höhere Umsätze in den Folgemonaten erreicht werden.

II. Kostenartenrechnung

LÖSUNG

Aufgabe 1: Nominelle und substanzielle Kapitalerhaltung

Nominelle Kapitalerhaltung: Die Abschreibung geht nicht über die ursprünglichen, belegbaren, nominalen Anschaffungskosten hinaus. Dadurch sollen zu hohe Abschreibungen und infolgedessen Steuerkürzungen durch Abschreibung von einem zu hohen, fiktiven Wiederbeschaffungswert vermieden werden. Maßnahmen: Abschreibung von den tatsächlichen Anschaffungs- oder Herstellungskosten in der Geschäftsbuchführung, die auch Grundlage für die Wertfortschreibung in Handels- und Steuerbilanz sind.

Substanzielle Kapitalerhaltung: Die Abschreibung dient dem Erhalt der Vermögenssubstanz des Betriebs. Maßnahme: Die Abschreibung erfolgt im Rechnungskreis II kalkulatorisch vom Wiederbeschaffungswert parallel zu der Abschreibung im Rechnungskreis I, die nach handels- und steuerrechtlichen Gesichtspunkten erfolgt.

LÖSUNG

Aufgabe 2: Bilanzielle und kalkulatorische Abschreibung

Bilanzielle Abschreibung:	10 % von 1.200.000 € =	120.000 €
	20 % von 800.000 € =	160.000 €
		280.000 €

Kalkulatorische Abschreibung:	10 % von 1.600.000 € =	160.000 €
	20 % von 900.000 € =	180.000 €
		340.000 €

Darstellung der Verrechnung in der Ergebnistabelle								
Finanz- oder Geschäftsbuchhaltung Rechnungskreis I			Betriebsbuchhaltung Rechnungskreis II					
Erfolgsbereich GuV-Rechnung			Abgrenzungsbereich Neutrales Ergebnis				Kosten- und Leistungsrechnung	
			Unternehmensbezogene Abgrenzung		Kostenrechnerische Korrekturen			
							Betriebsergebnis	
Konto	Aufw.	Erträge	Aufw.	Erträge	Betriebliche Aufw.	Verrechnete Kosten	Kosten	Leist.
	€	€	€	€	€	€	€	€
652 Abschreibungen	280.000				280.000	340.000	340.000	
Auswirkungen auf	Gesamtergebnis − 280.000 €		Neutrales Ergebnis + 60.000 €				Betriebsergebnis − 340.000 €	

LÖSUNG

Aufgabe 3: Ermittlung und Verrechnung kalkulatorischer Zinsen

a) Betriebsnotwendiges Vermögen (Durchschnitt aus 794 + 796 + 810 T€) 800.000 €

   − Abzugskapital (Verbindlichkeiten und erhaltene Anzahlungen) 200.000 €

   Betriebsnotwendiges Kapital 600.000 €

b) 8 % von 600.000 € = 48.000 € jährlich

   4.000 € monatlich

c) Ergebnistabelle

Finanz- oder Geschäftsbuchhaltung Rechnungskreis I			Betriebsbuchhaltung Rechnungskreis II					
Erfolgsbereich GuV-Rechnung			Abgrenzungsbereich Neutrales Ergebnis				Kosten- und Leistungsrechnung Betriebsergebnis	
			Unternehmensbezogene Abgrenzung		Kostenrechnerische Korrekturen			
Konto	Aufw.	Erträge	Aufw.	Erträge	Betriebliche Aufw.	Verrechnete Kosten	Kosten	Leist.
	€	€	€	€	€	€	€	€
751 Zinsaufwendungen	3.000				3.000	4.000	4.000	
Auswirkungen auf	Gesamtergebnis − 3.000 €		Neutrales Ergebnis + 1.000 €				Betriebsergebnis − 4.000 €	

d) Auswirkungen auf die Ergebnisse

Auswirkung auf	Tatsächlich gezahlte Zinsen	Kalkulatorische Zinsen
Gesamtergebnis	mindernd	neutral
Neutrales Ergebnis	mindernd	erhöhend
Betriebsergebnis	neutral	mindernd

LÖSUNG

Aufgabe 4: Auswirkungen der sechs kalkulatorischen Kostenarten auf Gesamtergebnis und auf das Betriebsergebnis

Finanz- oder Geschäftsbuchhaltung Rechnungskreis I			Betriebsbuchhaltung Rechnungskreis II					
Erfolgsbereich GuV-Rechnung			Abgrenzungsbereich Neutrales Ergebnis				Kosten- und Leistungsrechnung	
			Unternehmensbezogene Abgrenzung		Kostenrechnerische Korrekturen			
							Betriebsergebnis	
Konto	Aufw. €	Erträge €	Aufw. €	Erträge €	Betriebliche Aufw. €	Verrechnete Kosten €	Kosten €	Leist. €
Kalk. Unternehmerlohn						48.000	48.000	
652 Abschreibungen	8.000				8.000	6.000	6.000	
751 Zinsaufwendungen	5.000				5.000	7.000	7.000	
Kalkulat. Wagnisse						5.000	5.000	
Summen I	13.000	0	0	0	13.000	66.000	66.000	0
Salden	0	13.000	0	0	53.000	0	0	66.000
Summen II	13.000	13.000	0	0	66.000	66.000	66.000	66.000
Auswirkungen auf	Gesamtergebnis − 13.000 €		Neutrales Ergebnis + 53.000 €				Betriebsergebnis − 66.000 €	

LÖSUNG

Aufgabe 5: Verrechnung verschiedener Kosten- und Leistungsarten in der Ergebnistabelle I

Finanz- oder Geschäftsbuchhaltung Rechnungskreis I			Betriebsbuchhaltung Rechnungskreis II					
Erfolgsbereich GuV-Rechnung			Abgrenzungsbereich Neutrales Ergebnis				Kosten- und Leistungsrechnung	
			Unternehmensbezogene Abgrenzung		Kostenrechnerische Korrekturen			
							Betriebsergebnis	
Konto	Aufw. T€	Erträge T€	Aufw. T€	Erträge T€	Betriebliche Aufw. T€	Verrechnete Kosten T€	Kosten T€	Leistungen T€
500 Umsatzerlöse		3.400						3.400
520 Bestandsveränd.		400						400
530 Akt. Eigenleistung.		100						100
540 Mieterträge		80		80				
545 Erträge aus Aufl. WB		25		25				

	Gesamtergebnis		Neutrales Ergebnis		Betriebsergebnis	
546 Erträge aus Abgängen		30		30		
548 Ertr. a. Herab. Rückst.		75		75		
571 Zinserträge		55		55		
600 Rohstoffaufwendung.	800				800	
602 Hilfsstoffaufwend.	150				150	
616 Fremdinstandhaltung	50				50	
620 Löhne	1.000				1.000	
630 Gehälter	750				750	
Kalkul. Unternehmerlohn				30	30	
640 Sozialaufwendungen	350				350	
652 Abschreibungen	320		320	200	200	
680 Büromaterial	20				20	
690 Versicherungen	70				70	
696 Verluste aus Abgang	70	70				
700 Betriebliche Steuern	100				100	
751 Zinsaufwendungen	40		40	90	90	
Summen I	3.720	4.165	70	265	360	320	3.610	3.900
Salden	445		195			40	290	
Summen II	4.165	4.165	265	265	360	360	3.900	3.900
Auswirkungen auf	Gesamtergebnis 445 T€		Neutrales Ergebnis 155 T€		Betriebsergebnis 290 T€	

Aufgabe 6:   Verrechnung verschiedener Kosten- und Leistungsarten in der Ergebnistabelle II

	Finanz- oder Geschäftsbuchhaltung Rechnungskreis I		Betriebsbuchhaltung Rechnungskreis II					
	Erfolgsbereich GuV-Rechnung		Abgrenzungsbereich Neutrales Ergebnis				Kosten- und Leistungsrechnung Betriebsergebnis	
			Unternehmens-bezogene Ab-grenzung		Kostenrechnerische Korrekturen			
Konto	Aufw. T€	Erträge T€	Aufw. T€	Erträge T€	Betriebli-che Aufw. T€	Verrechne-te Kosten T€	Kosten T€	Leistun-gen T€
500 Umsatzerlöse		3.900						3.900
520 Bestandsveränderung	600						600	
530 Akt. Eigenleistung.		80						80
540 Mieterträge		70		70				
545 Erträge aus Aufl. WB		40		40				

	Aufw.	Erträge	Aufw.	Erträge	Betriebl. Aufw.	Verrechnete Kosten	Kosten	Leistungen
546 Erträge aus Abgängen		20		20				
548 Ertr. a. Herab. Rückst.		35		35				
571 Zinserträge		30		30				
600 Rohstoffaufwendung.	900						900	
602 Hilfsstoffaufwend.	80						80	
616 Fremdinstandhaltung	30						30	
620 Löhne	850						850	
630 Gehälter	500						500	
Kalkul. Unternehmerlohn						40	40	
640 Sozialaufwendungen	270						270	
652 Abschreibungen	260				260	175	175	
680 Büromaterial	10						10	
690 Versicherungen	55						55	
696 Verluste aus Abgang	25		25					
700 Betriebliche Steuern	90						90	
751 Zinsaufwendungen	35				35	95	95	
Summen I	3.705	4.175	25	195	295	310	3.695	3.980
Salden	470		170		15		285	
Summen II	4.175	4.175	195	195	310	310	3.980	3.980
Auswirkungen auf	Gesamtergebnis 470 T€		Neutrales Ergebnis 185 T€				Betriebsergebnis 285 T€	

LÖSUNG

Aufgabe 7: Ausgabenwirksame Aufwendungen und tatsächlich verursachte Kosten

a) Ergebnistabelle

Finanz- oder Geschäftsbuchhaltung Rechnungskreis I			Betriebsbuchhaltung Rechnungskreis II					
Erfolgsbereich GuV-Rechnung			Abgrenzungsbereich Neutrales Ergebnis				Kosten- und Leistungsrechnung Betriebsergebnis	
			Unternehmensbezogene Abgrenzung		Kostenrechnerische Korrekturen			
Konto	Aufw. T€	Erträge T€	Aufw. T€	Erträge T€	Betriebliche Aufw. T€	Verrechnete Kosten T€	Kosten T€	Leistungen T€
500 Umsatzerlöse		970						970
520 Bestandsveränderung.		80						80
6 u. 7 verschiedene Aufw.	890						890	

Kalkulator. Unternehmerl.							60	60	
652 Abschreibungen	40					40	85	85	
751 Zinsaufwendungen	30					30	70	70	
Summen I	960	1.050	0	0	70	215	1.105	1.050
Salden	90				145			55
Summen II	1.050	1.050	0	0	215	215	1.105	1.105
Auswirkungen auf	Gesamtergebnis 90 T€		Neutrales Ergebnis 145 T€				Betriebsergebnis − 55 T€	

b) Begründung für den Gewinn trotz Verkaufs unter Selbstkosten

In der Geschäftsbuchführung wurden nur die ausgabenwirksamen Aufwendungen gebucht. In der Betriebsbuchführung wurden zusätzlich die tatsächlich durch die betriebliche Tätigkeit verursachten Kosten verrechnet. Die tatsächlich verursachten (kalkulatorischen) Kosten übersteigen die Aufwendungen in der Geschäftsbuchführung um 145.000 €.

LÖSUNG

Aufgabe 8:   Ermittlung von Verrechnungspreisen

a) Ermittlung des Verrechnungspreises

60 kg × 7,00 € =	420,00 €
70 kg × 7,50 € =	525,00 €
50 kg × 6,80 € =	340,00 €
180 kg =	1.285,00 €
Verrechnungspreis =	7,14 €

b) Festlegung des Verrechnungspreises

Bei der Festlegung des Verrechnungspreises sollten berücksichtigt werden: Der durchschnittliche Anschaffungswert, die voraussichtliche Preisentwicklung über ein Geschäftsjahr, durchschnittliche Nachlässe, die Möglichkeit der Inanspruchnahme eines Rabatts. Wenn kein kalkulatorisches Beständewagnis verrechnet wird, sollte der Verrechnungspreis auch Abschreibungen auf Vorräte für Wertverluste aller Art und für unkontrollierbare Abgänge berücksichtigen.

c) Änderungen der Verrechnungspreise

Änderungen der Verrechnungspreise erschweren die Vergleichbarkeit und damit die Kontrolle des Kostenanfalls.

LÖSUNG

Aufgabe 9: Auswirkungen der Verrechnungspreise auf die Ergebnisse

98 m² × 13,80 € = 1.352,40 €

98 m² × 14,00 € = 1.372,00 €

	Finanz- oder Geschäftsbuchhaltung Rechnungskreis I			Betriebsbuchhaltung Rechnungskreis II				
	Erfolgsbereich GuV-Rechnung		Abgrenzungsbereich Neutrales Ergebnis			Kosten- und Leistungsrechnung		
			Unternehmensbezogene Abgrenzung	Kostenrechnerische Korrekturen		Betriebsergebnis		
Konto	Aufw. €	Erträge €	Aufw. €	Erträge €	Betriebliche Aufw. €	Verrechnete Kosten €	Kosten €	Leistungen €
600 Fertigungsmaterial	1.352,40				1.352,40	1.372,00	1.372,00	
Summen I	1.352,40	0	0	0	1.352,40	1.372,00	1.372,00	0
Salden		1.352,40			19,60			1.372,00
Summen II	1.352,40	1.352,40	0	0	1.372,00	1.372,00	1.372,00	1.372,00
Auswirkungen auf	Gesamtergebnis − 1.352,40 €		Neutrales Ergebnis 19,60 €			Betriebsergebnis − 1.372,00 €		

LÖSUNG

Aufgabe 10: Ermittlung von Verbrauchsabweichungen bei Anwendung von Verrechnungspreisen

a) Darstellung des Verbrauchs in der Ergebnistabelle

Jeweils (320 × 21 =) 6.720 € unter den Aufwendungen im Rechnungskreis I (GuV-Rechnung) und unter den „betrieblichen Aufwendungen" innerhalb der kostenrechnerischen Korrekturen im Rechnungskreis II.

Außerdem jeweils (320 × 22 =) 7.040 € in den Spalten „verrechnete Kosten" innerhalb der kostenrechnerischen Korrekturen und unter den „Kosten" im Betriebsergebnis.

b) Warum der Verbrauch mit Verrechnungspreisen bewertet wird

Die Anschaffungskosten der Roh-, Hilfs- und Betriebsstoffe unterliegen im Zeitablauf starken Schwankungen. Wenn der Verbrauch zu den tatsächlichen Anschaffungskosten bewertet wird, werden die Materialkosten bei gleichen Verbrauchsmengen in den unterschiedlichen Abrechnungsperioden mit wechselnden Preisen angesetzt. Die Schwankungen führen zu ständigen Änderungen des Kostengefüges. Damit werden Kostenvergleiche und letztlich die Kostenkontrolle erschwert.

LÖSUNG

Aufgabe 11: Periodenabgrenzung I

372.000 € : 12 Monate = 31.000 € monatlich

Konto	Aufw. €	Erträge €	Aufw. €	Erträge €	Betriebliche Aufw. €	Verrechnete Kosten €	Kosten €	Leistungen €
Erfolgsbereich GuV-Rechnung			**Abgrenzungsbereich Neutrales Ergebnis** Unternehmensbezogene Abgrenzung		**Kostenrechnerische Korrekturen**		**Kosten- und Leistungsrechnung Betriebsergebnis**	
a) Eintragungen in Jan. bis Mai und Juli bis Dez.								
621 Urlaubsgeld						31.000	31.000	
b) Eintragungen im Juni								
621 Urlaubsgeld	371.250				371.250	31.000	31.000	

LÖSUNG

Aufgabe 12: Periodenabgrenzung II

a) Eintragungen in den Monaten Januar bis November

In den Monaten Januar bis November werden jeweils 960.000 : 12 = 80.000 € in der Spalte „verrechnete Kosten" innerhalb der kostenrechnerischen Korrekturen und in der Spalte „Kosten" im Betriebsergebnis eingetragen.

b) Eintragungen im Monat Dezember

wie unter a und zusätzlich je 960.000 €, oder ein anderer tatsächlich gezahlter Betrag, in der Spalte „Aufwendungen" im Rechnungskreis I GuV-Rechnung und in der Spalte „betriebliche Aufwendungen" innerhalb der kostenrechnerischen Korrekturen.

LÖSUNG

Aufgabe 13: Periodenabgrenzung III

a) Eintragung der tatsächlichen Zahlung in den Monaten Januar und Juli

In den Monaten Januar und Juli werden jeweils 1.200 € unter den „Aufwendungen" im Rechnungskreis I, GuV-Rechnung, und unter den „betrieblichen Aufwendungen" innerhalb der kostenrechnerischen Korrekturen im Rechnungskreis II eingetragen.

b)   Eintragungen in den Monaten Januar bis Dezember

Zusätzlich werden in den Monaten Januar bis Dezember jeweils 200 € in der Spalte „verrechnete Kosten" innerhalb der kostenrechnerischen Korrekturen und der Spalte „Kosten" innerhalb des Betriebsergebnisses eingetragen.

LÖSUNG

Aufgabe 14:   Ergebnistabelle unter Einbeziehung von Verrechnungspreisen

Konto	Finanz- oder Geschäftsbuchhaltung Rechnungskreis I		Betriebsbuchhaltung Rechnungskreis II					
	Erfolgsbereich GuV-Rechnung		Abgrenzungsbereich Neutrales Ergebnis				Kosten- und Leistungsrechnung Betriebsergebnis	
			Unternehmensbezogene Abgrenzung		Kostenrechnerische Korrekturen			
	Aufw. €	Erträge €	Aufw. €	Erträge €	Betriebliche Aufw. €	Verrechnete Kosten €	Kosten €	Leistungen €
500 Umsatzerlöse		740.000						740.000
520 Bestandsveränd.		20.000						20.000
546 Erträge aus Abgängen		2.000		2.000				
571 Zinserträge		8.000		8.000				
600 Rohstoffaufwendung.	220.000				220.000	230.000	230.000	
602 Hilfsstoffaufwend.	56.000						56.000	
603 Betriebsstoffaufwend.	8.000						8.000	
620 Löhne	180.000						180.000	
630 Gehälter	78.000						78.000	
640 Sozialaufwendungen	53.900						53.900	
652 Abschreibungen	90.000				90.000	100.000	100.000	
670 Mietaufwendungen	15.300						15.300	
680 Büromaterial	4.000						4.000	
685 Reisekosten	5.000						5.000	
690 Versicherungen	3.000						3.000	
692 Beiträge zu Wirtsch.	4.800						4.800	
700 Betriebliche Steuern	10.000						10.000	
751 Zinsaufwendungen	8.000				8.000	15.000	15.000	
Summen I	736.000	770.000	0	10.000	318.000	345.000	763.000	760.000
Salden	34.000		10.000			27.000		3.000
Summen II	770.000	770.000	10.000	10.000	345.000	345.000	763.000	763.000
Auswirkungen auf	Gesamtergebnis 34.000 €		Neutrales Ergebnis 37.000 €				Betriebsergebnis − 3.000 €	

III. Kostenstellenrechnung

LÖSUNG

Aufgabe 1: Ermittlung der Selbstkosten des Umsatzes

	Fertigungsmaterial	300.000 €
+	10 % MGK	30.000 €
+	Fertigungslöhne	200.000 €
+	450 % FGK	900.000 €
=	Herstellkosten der Erzeugung	1.430.000 €
+	Minderbestand an unfertigen Erzeugnissen	40.000 €
+	Minderbestand an fertigen Erzeugnissen	30.000 €
=	Herstellkosten des Umsatzes	1.500.000 €
+	15 % VwGK	225.000 €
+	20 % VtGK	300.000 €
+	SEK des Vertriebs	20.000 €
=	Selbstkosten des Umsatzes	2.045.000 €

LÖSUNG

Aufgabe 2: Von der Ergebnistabelle zur Gesamtkostenrechnung

a)

Rechnungseingänge:	Buchhaltung bzw. Rechnungsprüfung und -kontierung
Fertigungsmaterial:	Lagerbuchführung bzw. Buchhaltung oder Rechnungsprüfung und -kontierung bei Rohstoffen, die nicht zuerst ans Lager gehen, z. B. Just-in-time-Lieferungen
Hilfs- und Betriebsstoffe:	Lagerbuchführung
Löhne, Gehälter und Arbeitgeberanteil zu den Sozialkosten	Lohn- und Gehaltsbuchhaltung
Kalkulat. Abschreibungen:	Anlagenbuchhaltung

b)

Rechnungseingänge:	Eingangsrechnungen und Belege mit Eingangsrechnungscharakter
Fertigungsmaterial:	Materialentnahmescheine, Materialrückgabescheine (mit Kostenträgerkontierung), Eingangsrechnungen mit Kostenträgerkontierung bei Rohstoffen, die nicht zuerst ans Lager gehen.
Hilfs- und Betriebsstoffe:	Materialentnahmescheine bzw. Eingangsrechnungen bei Stoffen, die nicht das Lager berühen jeweils mit Kostenstellenkontierung (KSt-Einzelkosten) oder ohne Kostenstellenkontierung (KSt-Gemeinkosten).
Löhne, Gehälter und Arbeitgeberanteil zu den Sozialkosten:	Lohnscheine bzw. Lohnliste bei Zeitlöhnen und Gehaltsliste
Kalkulat. Abschreibungen:	Eintragungen in der Anlagenbuchhaltung bzw. Anlagenkartei

c) Ergebnistabelle:

Finanz- oder Geschäftsbuchhaltung Rechnungskreis I			Betriebsbuchhaltung Rechnungskreis II					
Erfolgsbereich GuV-Rechnung			Abgrenzungsbereich Neutrales Ergebnis				Kosten- und Leistungsrechnung Betriebsergebnis	
			Unternehmensbezogene Abgrenzung		Kostenrechnerische Korrekturen			
Konto	Aufw. €	Erträge €	Aufw. €	Erträge €	Betriebliche Aufw. €	Verrechnete Kosten €	Kosten €	Leistungen €
500 Umsatzerlöse		840.000						840.000
520 Bestandsmehrungen		9.000						9.000
540 Mieterträge		36.000		36.000				
571 Zinserträge		10.000		10.000				
600 Rohstoffaufwendung.	152.000						152.000	
602 Hilfsstoffaufwend.	26.000						26.000	
603 Betriebsstoffaufwend.	14.000						14.000	
616 Fremdinstandhaltung	24.000						24.000	
620 Fertigungslöhne	220.000						220.000	
628 Hilfslöhne	58.000						58.000	
630 Gehälter	79.000						79.000	
640 Sozialaufwendungen	46.000						46.000	
652 Abschreibungen	101.000				101.000	112.000	112.000	
680 Büromaterial	4.000						4.000	
690 Versicherungen	2.000						2.000	
692 Gebühren u. Beiträge	8.000						8.000	
700 Betriebliche Steuern	10.000						10.000	
Summen I	744.000	895.000	0	46.000	101.000	112.000	755.000	849.000
Salden	151.000		46.000		11.000		94.000	
Summen II	895.000	895.000	46.000	46.000	112.000	112.000	849.000	849.000
Auswirkungen auf	Gesamtergebnis 151.000 €		Neutrales Ergebnis 57.000 €				Betriebsergebnis 94.000 €	

d) Betriebsabrechnungsbogen

Hinweis: Die Werte für die Hilfsstoffaufwendungen und die Betriebsstoffaufwendungen werden beispielsweise aus der **Kostenartenliste 2** im Aufgabenteil in den Betriebsabrechnungsbogen übernommen. Die **Fremdinstandhaltung (Konto 616)** wird aus der Liste **Rechnungseingänge** im Aufgabenteil in die Kostenstellen 10, 20, 30 und 40 übernommen.

Kostenarten	Gesamt €	10 Beschaff. €	20 Fertigung €	30 Verwalt. €	40 Vertrieb €
602 Hilfsstoffaufwendungen	26.000	500	24.800	200	500
603 Betriebsstoffaufwendungen	14.000	600	13.000	250	150
616 Fremdinstandhaltung	24.000	3.500	17.000	1.000	2.500
628 Hilfslöhne	58.000	2.000	54.500	0	1.500
630 Gehälter	79.000	10.000	42.000	23.000	4.000
640 Sozialkosten	46.000	1.500	40.400	3.100	1.000
652 Abschreibungen	112.000	9.000	74.000	19.500	9.500
680 Büromaterial	4.000	175	140	1.690	1.995
690 Versicherungsprämien	2.000	80	1.100	420	400
692 Gebühren und Beiträge	8.000	460	830	4.900	1.810
700 Betriebliche Steuern	10.000	250	500	9.150	100
Summen	383.000	28.065	268.270	63.210	23.455
Zuschlagsgrundlagen:					
600 Fertigungsmaterial (Rohstoffe)	152.000				
620 Fertigungslöhne			220.000		
Herstellkosten des Umsatzes				659.335	659.335
Zuschlagssätze		18,5 %	122 %	9,6 %	3,6 %

e bis g) Gesamtkostenrechnung

Fertigungsmaterial (FM)		152.000 €	
+ Materialgemeinkosten (MGK)	18,5 %	28.065 €	
= Materialkosten			180.065 €
Fertigungslöhne (FL)		220.000	
+ Fertigungsgemeinkosten (FGK)	122,0 %	268.270	
= Fertigungskosten (FK)			488.270 €
Herstellkosten der Fertigung			668.335 €
− Bestandsmehrungen (Konto 520)			9.000 €
= Herstellkosten des Umsatzes			659.335 €
+ Verwaltungsgemeinkosten (VwGK)	9,6 %		63.210 €
+ Vertriebsgemeinkosten (VtGK)	3,6 %		23.455 €
= Selbstkosten des Umsatzes			746.000 €

LÖSUNG

Aufgabe 3: Datenfluss bei Lagerentnahmen vom Beleg bis zur Kostenstelle

Die Arbeitsvorbereitung bzw. der Stücklistenprozessor schreibt aufgrund der (Material-)Stückliste einen Materialentnahmeschein aus. Der Materialentnahmeschein enthält die Materialnummer, unter der dieser Artikel am Lager geführt wird, die Kostenträgernummer (Auftragsnummer), im Falle von Gemeinkostenmaterial die Kostenstellennummer. Gegen Abgabe des Materialentnahmescheins erhält der Mitarbeiter in der Fertigung das benötigte Material vom Lager.

Der Lagerabgang wird in der Lagerbuchhaltung aufgrund des Materialentnahmescheins gebucht.

Das Lagerbuchhaltungsprogramm addiert monatlich die Abgänge der Roh-, Hilfs- und Betriebsstoffe und übergibt die Summen der Abgänge je Konto an das Programm der Finanzbuchhaltung (Hauptbuchhaltung). Die Abgänge werden außerdem innerhalb jeder Kostenart nach Kostenstellennummern und nach Kostenträgernummern sortiert und dann an die Programme der Betriebsbuchhaltung übergeben. Dort werden sie den Kostenstellen und den Kostenträgern belastet.

LÖSUNG

Aufgabe 4: Erstellung eines einstufigen Betriebsabrechnungsbogens und der Gesamtkostenrechnung

a bis d)

Betriebsabrechnungsbogen					
Kostenarten		10	20	30	40
	Gesamt	Beschaff.	Fertigung	Verwalt.	Vertrieb
	€	€	€	€	€
602 Hilfsstoffaufwendungen	58.000	900	55.800	500	800
603 Betriebsstoffaufwendungen	7.000	400	6.000	350	250
605 Energie (nach installierten KWh)	5.420	200	5.000	100	120
616 Fremdinstandhaltung	9.000	1.500	6.500	0	1.000
628 Hilfslöhne	40.000	2.500	37.500	0	0
630 Gehälter	70.000	9.000	38.000	19.000	4.000
640 Sozialkosten (nach Anzahl Mitarbeiter)	41.000	1.691	35.928	2.113	1.268
Kalkulatorische Abschreibungen	110.000	6.000	85.000	11.000	8.000
670 Mietaufwendungen (nach qm)	10.000	2.000	6.667	800	533
680 Büromaterial (Liste Rechnungseingänge)	7.000	275	640	3.015	3.070
690 Versicherungsprämien	3.000	400	2.200	200	200
692 Gebühren und Beiträge	7.200	1.200	3.000	2.400	600
700 Betriebliche Steuern	9.800	980	1.960	5.880	980
Summen	377.420	27.046	284.195	45.358	20.821
Zuschlagsgrundlagen:					
600 Fertigungsmaterial (Rohstoffe)		190.000			
620 Fertigungslöhne			188.000		
Herstellkosten des Umsatzes				697.241	697.241
Zuschlagssätze		14,23 %	151,17 %	6,51 %	2,99 %

Die Energiekosten wurden nach dem Schlüssel „kWh" verteilt.

Die Sozialkosten wurden nach dem Schlüssel „Anzahl Mitarbeiter" verteilt.

Die Mietaufwendungen wurden nach dem Schlüssel „qm" verteilt.

e) Gesamtkostenrechnung Juni 01

Fertigungsmaterial (FM)		190.000 €	
+ Materialgemeinkosten (MGK)	14,23 %	27.046 €	
= Materialkosten			217.046 €
Fertigungslöhne (FL)		188.000	
+ Fertigungsgemeinkosten (FGK)	151,17 %	284.195	
= Fertigungskosten (FK)			472.195 €
Herstellkosten der Fertigung			689.241 €
+ Bestandsminderungen			8.000 €
= Herstellkosten des Umsatzes			697.241 €
+ Verwaltungsgemeinkosten (VwGK)	6,51 %		45.358 €
+ Vertriebsgemeinkosten (VtGK)	2,99 %		20.821 €
= Selbstkosten des Umsatzes			763.420 €

LÖSUNG

Aufgabe 5: Erstellung eines einstufigen Betriebsabrechnungsbogens und der Gesamtkostenrechnung aufgrund von Listen aus Hauptbuchhaltung und Nebenbuchhaltungen

a) Betriebsabrechnungsbogen

Kostenarten	Gesamt €	10 Beschaff. €	20 Fertigung €	30 Verwalt. €	40 Vertrieb €
602 Hilfsstoffaufwendungen	56.000	800	54.400	500	300
603 Betriebsstoffaufwendungen	9.000	600	8.100	150	150
628 Hilfslöhne	43.000	2.800	40.200	0	0
630 Gehälter	78.000	9.000	41.000	22.000	6.000
640 Sozialkosten	48.500	2.000	42.500	2.500	1.500
Kalkulatorische Abschreibungen	117.000	6.000	85.000	11.000	15.000
670 Mietaufwendungen	15.000	3.000	10.000	1.200	800
680 Büromaterial	6.500	260	640	1.300	4.300
690 Versicherungsprämien	1.500	200	1.100	100	100
692 Gebühren und Beiträge	6.000	1.000	2.500	2.000	500
700 Betriebliche Steuern	8.000	800	1.600	4.800	800
Summen	388.500	26.460	287.040	45.550	29.450
Zuschlagsgrundlagen:					
Fertigungsmaterial		211.600			
Fertigungslöhne			158.000		
Ist-Herstellkosten des Umsatzes				678.100	678.100
Soll-Herstellkosten des Umsatzes				705.992	705.992

Ist-Zuschlagssätze		12,5 %	181,7 %	6,7 %	4,3 %
Soll-Zuschlagssätze		12,0 %	200,0 %	7,0 %	4,0 %
Verrechnete Gemeinkosten		25.392	316.000	49.419	28.240
Über- bzw. Unterdeckung		− 1.068	+ 28.960	+ 3.869	− 1.210

Über den Soll-Zuschlag von 12,0 % wurden 1.068 € weniger auf die Aufträge verrechnet, als am Ist-Kosten angefallen sind.

b bis e)

Gesamtkostenrechnung für den Abrechnungsmonat					
	Istkosten		Sollkosten		Über- / Unterdeck.
	€	%	€	%	€
Fertigungsmaterial	211.600	12,5	211.600		
MGK	26.460		25.392	12,0	− 1.068
Materialkosten	238.060		236.992		
Fertigungslöhne	158.000		158.000		
FGK	287.040	181,7	316.000	200,0	28.960
Fertigungskosten	445.040		474.000		
Heko der Produktion	683.100		710.992		
− Bestandsmehrungen	− 10.000		− 10.000		
+ Bestandsminderungen	+ 5.000		+ 5.000		
Heko des Umsatzes	678.100		705.992		
VwGK	45.550	6,7	49.419	7,0	3.869
VtGK	29.450	4,3	28.240	4,0	− 1.210
Selbstkosten des Umsatzes	753.100		783.651		
Nettoverkaufserlöse	770.000		770.000		
Umsatzergebnis	+ 16.900		− 13.651		
Kostenüberdeckung			30.551		30.551
Betriebsergebnis			+ 16.900		

Aufgabe 6: Erstellung eines mehrstufigen Betriebsabrechnungsbogens und der Gesamtkostenrechnung aufgrund von Listen aus Hauptbuchhaltung und Nebenbuchhaltungen

a bis e)

Betriebsabrechnungsbogen — Monat Juli 01

Kto.	Bezeichnung	Gesamt	Allgemeiner Bereich				Materialbereich	Fertigungsbereich/Hauptstellenbereich					Fertigungshilfsstellenbereich				Verwalt.-bereich	Vertriebsbereich
			Pförtner 11	Fuhrpark 12	Energie 13	Summe	20	Schmiede 31	Dreherei 32	Schloss. 33	Montage 34	Summe	Techn.L 41	AVO 42	Lehrw. 43	Summe	50	60
602	Hilfsstoffaufwendungen	48.000					2.000	12.000	10.000	8.000	13.000	43.000			3.000	3.000		
603	Betriebsstoffaufwendungen	18.000		1.250		1.250	500	3.750	4.000	5.000	2.000	14.750			1.500	1.500		
626	Vergütung Auszubildende	12.200					1.100								7.000	7.000	2.100	2.000
628	Hilfslöhne	72.000	3.300	5.800	6.000	15.100	5.900	10.000	12.500	13.000	9.500	45.000			6.000	6.000		
630	Gehälter	128.200	3.090	3.110		6.200	10.000	8.000	12.000	8.100	7.900	36.000	18.000	12.000	8.000	38.000	18.000	20.000
640	Sozialkosten	117.000	1.800	2.700	1.800	6.300	5.400	19.800	23.400	21.600	10.800	75.600	3.600	2.700	9.900	16.200	6.300	7.200
	Kalk. Abschreibungen	175.000	1.000	14.000	9.290	24.290	13.000	29.000	34.710	29.165	4.051	96.926	3.949	2.979	12.856	19.784	18.000	3.000
670	Mietaufwendungen	40.000	800	5.000	2.000	7.800	9.000	3.500	4.200	4.000	4.500	16.200	2.000	500	2.500	5.000	800	1.200
680	Büromaterial	10.500	100			100	2.000						1.500	1.000	200	2.700	2.800	2.900
690	Versicherungsprämien	4.500	150	300	150	600	600	450	450	450	450	1.800	450	150	300	900	450	150
692	Gebühren u. Beiträge	9.000		600	600	1.200	1.200						1.800		600	2.400	3.000	1.200
700	Betriebliche Steuern	18.000						2.000	2.000	2.000	2.000	8.000					8.000	2.000
	Summe Primärumlage	652.400	10.240	32.760	19.840	62.840	50.700	88.500	103.260	91.315	54.201	337.276	31.299	19.329	51.856	102.484	59.450	39.650
11	Pförtner		-10.240	240	160	-9.840	480	1.760	2.080	1.920	960	6.720	320	240	880	1.440	560	640
12	Fuhrpark			-33.000		-33.000	6.000				3.000	3.000	6.000			6.000	6.000	12.000
13	Energieversorgung				-20.000	-20.000	3.200	4.400	4.000	4.000	2.000	14.400	400	400	800	1.600	400	400
41	Technische Leitung							9.614	11.362	10.488	5.244	36.708	-38.019	1.311		-36.708		
42	Arbeitsvorbereitung							4.928	5.824	5.376	2.688	18.816		-21.280	2.464	-18.816		
43	Lehrwerkstatt							24.000	16.000	16.000		56.000			-56.000	-56.000		
	Summe Sekundärumlage	652.400	0	0	0	0	60.380	133.202	142.526	129.099	68.093	472.920	0	0	0	0	66.410	52.690
600	Fertigungsmaterial	300.000					300.000											
620	Fertigungslöhne	193.000						50.000	48.000	62.000	33.000	193.000						
	Ist-Heko des Umsatzes																1.004.300	1.004.300
	Soll-Heko des Umsatzes																985.800	985.800
	Ist-Zuschlagssätze						20	266	297	208	206						6,61	5,25
	Soll-Zuschlagssätze						15	260	300	220	180						7,00	5,00
	Verrechnete Gemeinkosten						45.000	130.000	144.000	136.400	59.400	469.800					69.006	49.290
	Über- bzw. Unterdeckung						-15.380	-3.202	1.474	7.301	-8.693	-3.120					2.596	-3.400

f) Gesamtkostenrechnung für den Abrechnungsmonat

	Istkosten		Sollkosten		Über- / Unterdeck.
	€	%	€	%	€
Fertigungsmaterial	300.000		300.000		
MGK	60.380	20 %	45.000	15 %	− 15.380
Materialkosten	360.380		345.000		
FL Schmiede	50.000		50.000		
FGK Schmiede	133.202	266 %	130.000	260 %	− 3.202
FL Dreherei	48.000		48.000		
FGK Dreherei	142.526	297 %	144.000	300 %	1.474
FL Schlosserei	62.000		62.000		
FGK Schlosserei	129.099	208 %	136.400	220 %	7.301
FL Montage	33.000		33.000		
FGK Montage	68.093	206 %	59.400	180 %	− 8.693
Fertigungskosten	665.920		662.800		− 3.120
Heko der Produktion	1.026.300		1.007.800		
− Bestandsmehrungen	− 22.000		− 22.000		
Heko des Umsatzes	1.004.300		985.800		
VwGK	66.410	6,61 %	69.006	7,00 %	2.596
VtGK	52.690	5,25 %	49.290	5,00 %	− 3.400
Selbstkosten des Umsatzes	1.123.400		1.104.096		− 19.304
500 Nettoverkaufserlöse	1.150.000		1.150.000		
Umsatzergebnis	+ 26.600		+ 45.904		
Kostenunterdeckung			− 19.304		
Betriebsergebnis			+ 26.600		

IV. Kostenträgerrechnung

Aufgabe 1:　Von der Erfassung der Gemeinkosten in der Finanzbuchhaltung bis zur Verrechnung auf die Kostenstellen und Kostenträger

Die Gemeinkosten werden zunächst in der Finanzbuchhaltung (Rechnungskreis I) als Aufwendungen auf Aufwandskonten erfasst. Die betriebsbedingten Aufwendungen werden als Kosten (Grundkosten) in die Betriebsbuchführung oder Kosten- und Leistungsrechnung (Rechnungskreis II) übernommen. Zusätzlich werden in der Betriebsbuchhaltung kalkulatorische Gemeinkosten verrechnet.

In der Kostenrechnung werden die Gemeinkosten (möglichst) verursachungsgerecht den Kostenstellen belastet. Die Belastung kann direkt erfolgen (Kostenstellen-Einzelkosten) oder mithilfe von Verteilungsschlüsseln (Kostenstellen-Gemeinkosten). Die Summe der Gemeinkosten in den Allgemeinen Kostenstellen und in den Fertigungshilfskostenstellen wird jeweils nach einem Umlageschlüssel ebenfalls (möglichst) verursachungsgerecht auf die Hauptkostenstellen der Funktionsbereiche Beschaffung, Fertigung, Verwaltung und Vertrieb umgelegt.

Die Summe der im Beschaffungsbereich gesammelten Gemeinkosten wird in einen Prozentsatz der Materialeinzelkosten umgerechnet. Die Summen der Gemeinkosten in den Fertigungskostenstellen werden in einen Prozentsatz der Summe der Fertigungslöhne der jeweiligen Fertigungskostenstellen umgerechnet. Die Summen der Gemeinkosten im Verwaltungsbereich und im Vertriebsbereich werden jeweils in einen Prozentsatz der Herstellkosten des Umsatzes umgerechnet.

Die Einzelkosten können aufgrund der Auftragskontierung direkt den Kostenträgern belastet werden. Die dem Kostenträger zu belastenden Gemeinkosten werden mit Hilfe der Prozentsätze aus der Kostenstellenrechnung auf die Einzelkosten bzw. die Herstellkosten des Umsatzes verrechnet und so den Kostenträgern belastet.

Aufgabe 2:　Aufgaben der Kostenträgerzeitrechnung und der Ergebnisrechnung

Die Kostenträgerzeit- und -ergebnisrechnung dient der

▶ Kontrolle der Kostenentwicklung nach Produktgruppen,

▶ Feststellung der Anteile der Produktgruppen am Umsatz und am Gesamtergebnis,

▶ Feststellung der Selbstkostenstruktur nach Produktgruppen und damit auch der Planungsrechnung,

▶ Entscheidung über die Sortimentsgestaltung.

LÖSUNG

Aufgabe 3:   Ermittlung der Über- und Unterdeckungen sowie des Betriebsergebnisses im Kostenträgerblatt

a bis d)

Kostengruppen	Insgesamt						Maschinen	Apparate	Waggons
	Istkosten		Sollkosten		Abweichung				
	€	%	€	%	€		€	€	€
Fertigungsmaterial	165.000		165.000				65.000	60.000	40.000
MGK	14.850	9,0	13.200	8,0	−1.650		5.200	4.800	3.200
Fertigungslöhne	95.000		95.000				50.000	25.000	20.000
FGK	296.400	312,0	304.000	320,0	7.600		160.000	80.000	64.000
Heko der Produktion	571.250		577.200				280.200	169.800	127.200
− Mehrbestand FE	− 4.000		− 4.000				− 1.000	− 1.000	− 2.000
+ Minderbestand UE	2.000		2.000				1.000		1.000
Heko des Umsatzes	569.250		575.200				280.200	168.800	126.200
VwGK	102.465	18,0	92.032	16,0	− 10.433		44.832	27.008	20.192
VtGK	125.235	22,0	138.048	24,0	12.813		67.248	40.512	30.288
Selbstkosten des Umsatzes	796.950		805.280				392.280	236.320	176.680
Verkaufserlöse	805.880		805.880				400.000	215.000	190.880
Umsatzergebnis	8.930		600				7.720	-21.320	14.200
Abweichungen der GK			8.330		8.330				
Betriebsergebnis			8.930						

LÖSUNG

Aufgabe 4:   Ermittlung der Selbstkosten des Umsatzes

Ermittlung der Selbstkosten des Umsatzes		
	Fertigungsmaterial	200.000 €
+	10 % MGK	20.000 €
+	Fertigungslöhne	100.000 €
+	400 % FGK	400.000 €
+	Sondereinzelkosten der Fertigung	20.000 €
=	Herstellkosten der Erzeugung	740.000 €
−	Mehrbestand an fertigen Erzeugnissen	200.000 €
+	Minderbestand an unfertigen Erzeugnissen	100.000 €
=	Herstellkosten des Umsatzes	640.000 €
+	10 % VwGK	64.000 €
+	20 % VtGK	128.000 €
=	Selbstkosten des Umsatzes	832.000 €

Aufgabe 5: Zuschlagskalkulation und Bestandsveränderungen

a) Ohne Betriebsabrechnungsbogen ist eine Zuschlagskalkulation für Industriebetriebe nicht denkbar. Aufgabe der Zuschlagskalkulation ist die möglichst verursachungsgerechte Verrechnung der Kosten einschließlich der anteiligen Gemeinkosten auf die Kostenträger. Die dazu erforderlichen Zuschlagssätze werden im BAB I ermittelt. Die Relationen der Einzelkosten bzw. der Herstellkosten des Umsatzes zu den Gemeinkosten in der Kostenträgerrechnung müssen denen in der Kostenstellenrechnung entsprechen.

b) Gibt ein Kunde die Fertigung und Lieferung einer nach bestimmten Plänen zu fertigenden Maschine in Auftrag, liegt ein **Kundenauftrag** vor. Für diesen Auftrag vergibt die Verkaufsabteilung (i. d. R. in Abstimmung mit der Fertigung und dem Rechnungswesen) eine Auftragsnummer. Aus den internen Auftragspapieren geht der Name des Kunden hervor. Der Kundenauftrag in Industriebetrieben entspricht damit dem Kundenauftrag (Lieferauftrag, Bestellung) in Handelsbetrieben.

Elektromotoren werden beispielsweise in einer größeren Stückzahl (Losgröße) gefertigt. Zum Zeitpunkt der Vergabe des **internen Auftrags** steht noch nicht fest, an welchen Kunden die Motoren verkauft werden. Die Motoren werden für das Lager gefertigt. Deshalb spricht man von einem **Lagerauftrag**. Kauft ein Kunde einen solchen am Lager geführten Elektromotor, erfolgt der Verkauf in einigen Betrieben – wie unter a) – unter einer Kundenauftragsnummer. Andere Betriebe führen besondere Auftragsnummernreihen für solche reinen Verkaufsaufträge.

Lageraufträge werden auch für die Fertigung von Einzelteilen und Baugruppen vergeben. Die Einzelteile werden in großer Stückzahl gefertigt und zunächst gelagert. Dadurch werden Rüstzeiten und Verwaltungsarbeiten eingespart. Später werden die Einzelteile und Baugruppen unter anderen Lagerauftragsnummern (bei Serienfertigung der Erzeugnisse, in die sie dann eingebaut werden) oder unter einer Kundenauftragsnummer (bei Fertigung im Kundenauftrag) zur Montage vom Lager entnommen.

Aktivierte Eigenleistungen liegen vor, wenn ein Industriebetrieb Vermögensgegenstände des Anlagevermögens selbst herstellt. Das kann in einer Maschinenfabrik eine Maschine sein, die normalerweise am Markt verkauft wird oder aber auch die Herstellung einer Vorrichtung, die speziell für die Verwendung in der eigenen Fertigung hergestellt wird.

c) Die **Kostenträgerzeitrechnung** geht von den Herstellkosten des Umsatzes einer Abrechnungsperiode aus. Dieser Umsatz setzt sich aus Herstellkosten der Abrechnungsperiode und aus Herstellkosten der Vorperioden (Bestandsminderungen) zusammen.

Die **Kostenträgerstückrechnung** rechnet einen einzelnen Auftrag (Kostenträger) ab, unabhängig davon, in welcher Abrechnungsperiode die Herstellkosten angefallen sind.

LÖSUNG

Aufgabe 6:   Sondereinzelkosten des Vertriebs in der Zuschlagskalkulation

Herstellkosten	6.200 €
10 % VwGK	620 €
20 % VtGK	1.240 €
SEK des Vertriebs	140 €
Selbstkosten	8.200 €
Verkaufserlös	9.000 €
Auftragsergebnis	800 €

LÖSUNG

Aufgabe 7:   Auswirkungen der Veränderungen bei Kosten und Leistungen auf das Ergebnis

a) erhöhend

b) keine Auswirkung, da die Umsatzsteuer als sog. durchlaufende Steuer kostenneutral ist

c) mindernd

d) keine Auswirkung

e) erhöhend

LÖSUNG

Aufgabe 8:   Nachkalkulation zu Sollkosten

a) Errechnung der Ist-Zuschlagssätze

	Istkosten		Sollkosten		Abweich.
	€	%	€	%	€
Fertigungsmaterial	200.000		200.000		.
MGK	36.000	18	30.000	15	− 6.000
Fertigungslöhne	150.000		150.000		
FKG	630.000	420	600.000	400	− 30.000
Mehrbestand	− 16.000		− 16.000		
Heko des Umsatzes	1.000.000		964.000		− 36.000
VwGK	120.000	12	96.400	10	− 23.600
VtGK	280.000	28	192.800	20	− 87.200

b) Nachkalkulation

Fertigungsmaterial	1.000 €
15 % MGK	150 €
Fertigungslöhne (30 Std. × 25 €)	750 €
400 % FGK	3.000 €
Herstellkosten	4.900 €
10 % VwGK	490 €
20 % VtGK	980 €
Selbstkosten	6.370 €
Verkaufserlöse	6.800 €
Auftragsergebnis	+ 430 €

c) Erklärung für die Ergebnisabweichung zwischen Finanzbuchhaltung und Kostenrechnung:

Die Auftragsergebnisse fallen deshalb positiv aus, weil bei zu niedrigen Sollzuschlagssätzen nicht alle Gemeinkosten auf die Aufträge verrechnet worden sind. In der Finanzbuchhaltung wirken sich dagegen die tatsächlich angefallenen höheren Aufwendungen auf das Ergebnis aus. In welchen Bereichen die negativen Abweichungen erwirtschaftet worden sind, lässt sich in der Kostenträgerzeitrechnung nachweisen. So sind allein bei den Vertriebskosten 87.200 € weniger verrechnet worden als angefallen sind.

LÖSUNG

Aufgabe 9: Verkaufskalkulation in der Industrie

Fertigungsmaterial	10.000 €
10 % MGK	1.000 €
Fertigungslöhne Dreherei	3.000 €
300 % FGK Dreherei	9.000 €
Fertigungslöhne Fräserei	1.500 €
320 % FGK Fräserei	4.800 €
Fertigungslöhne Montage	1.000 €
200 % FGK Montage	2.000 €
Herstellkosten	32.300 €
15 % VwGK	4.845 €
20 % VtGK	6.460 €
Selbstkosten	43.605 €
Listenpreis 52.000 €	
− 10 % Rabatt 5.200 €	
Verkaufserlöse	46.800 €
Auftragsergebnis	+ 3.195 €
− 3 % Skonto (von 46.800 €)	− 1.404 €
Auftragsergebnis nach Skontoabzug	+ 1.791 €

Aufgabe 10:   Entscheidung über Eigenfertigung oder Fremdbezug in der Vollkostenrechnung

a) Kalkulationen zur Eigenfertigung

	Kalkulation A	Kalkulation B	Kalkulation C
Fertigungsmaterial	2.000 €	2.000 €	2.000 €
10 % MGK	200 €		100 €
FL Schmiede	150 €	150 €	150 €
250 % FGK Schmiede	375 €		187 €
FL Schlosserei	200 €	200 €	200 €
200 % FGK Schlosserei	400 €		200 €
FL Montage	100 €	100 €	100 €
200 % FGK Montage	200 €		100 €
Herstellkosten	3.625 €	2.450 €	3.037 €
8 % VwGK	290 €		121 €
20 % VtGK	kein Anfall	kein Anfall	kein Anfall
Selbstkosten	3.915 €	2.450 €	3.158 €
Angebot der Maschinenbau AG	3.920 €	3.920 €	3.920 €
Kostenvorteil bei Eigenfertigung	5 €	1.470 €	762 €

b) Gründe für die Fertigung im eigenen Betrieb:

In der Kalkulation wurden keine Vertriebsgemeinkosten berücksichtigt, da der Vertrieb für diesen Auftrag nicht tätig werden muss. Die Kalkulation A zieht die Gemeinkosten voll in die Berechnung ein. Da aber zumindest der größte Teil der Gemeinkosten unabhängig von der zusätzlichen Fertigung der Vorrichtung sowieso anfallen wird, wurden die Gemeinkosten in der Kalkulation B ganz außer Acht gelassen. Kalkulation C ist immer noch eine vorsichtige Rechnung, in der 50 % der Gemeinkosten berücksichtigt wurden. Die Selbstkosten liegen in allen drei Kalkulationen unter dem Angebotspreis der Maschinenbau AG. Die Vorrichtung sollte im eigenen Hause gefertigt werden.

c) Weitere Gründe:

Kalkulation C unterstellt, dass mindestens 50 % der Gemeinkosten bei Fertigung im eigenen Betrieb sowieso anfallen werden, auch wenn die Maschinenbau AG die Vorrichtung liefert. Das trifft insbesondere zu auf Abschreibungen, Mieten, Personalkosten für Meister und Hilfskräfte und viele andere mehr. Außerdem können die Fertigungsmeister und Maschinenbediener, die später mit der Vorrichtung arbeiten werden, die Auslegung der Vorrichtung optimal beeinflussen. Eventuell notwendig werdende Reparaturen können später kurzfristiger (Minderung von Produktionsausfall), leichter und kostengünstiger durchgeführt werden.

Aufgabe 11:   Mehrstufiger BAB, Kostenträgerzeitrechnung und Kostenträgerstückrechnung

a) BAB einschließlich der Kostenüber- und Kostenunterdeckungen

Ermittlung der Herstellkosten des Umsatzes aus dem BAB auf der folgenden Seite

	Istkosten		Sollkosten		Abweich.
	%	€	%	€	€
Fertigungsmaterial		320.600		320.600	0
MGK	19,1	61.328	20,0	64.120	+ 2.792
Materialkosten		381.928		384.720	+ 2.792
FL Schmiede		47.200		47.200	0
FGK Schmiede	269	126.957	270	127.440	+ 483
FL Dreherei		49.600		49.600	0
FGK Dreherei	290	144.067	280	138.880	− 5.187
FL Schlosserei		68.200		68.200	0
FGK Schlosserei	208	141.930	220	150.040	+ 8.110
FL Montage		33.000		33.000	0
FGK Montage	209	69.002	200	66.000	− 3.002
Fertigungskosten		679.956		680.360	+ 404
Heko der Produktion		1.061.884		1.065.080	+ 3.196
− Mehrbestand unfertige Erzeugn.		− 30.000		− 30.000	0
+ Minderbestand fertige Erzeugn.		10.000		10.000	0
Heko des Umsatzes		1.041.884		1.045.080	+ 3.196

Betriebsabrechnungsbogen

Monat Juli 01

Kto.	Bezeichnung	Gesamt	Allgemeiner Bereich				Material-bereich 20	Fertigungsbereich/Hauptstellenbereich					Fertigungshilfsstellenbereich				Verwalt.-bereich 50	Vertriebs-bereich 60
			Pförtner 11	Fuhrpark 12	Energie 13	Summe		Schmiede 31	Dreherei 32	Schloss. 33	Montage 34	Summe	Techn.L. 41	AVO 42	Lehrw. 43	Summe		
602	Hilfsstoffaufwendungen	48.000					2.000	12.000	10.000	8.000	13.000	43.000			3.000	3.000		
603	Betriebsstoffaufwendungen	18.000		1.250		1.250	500	3.750	4.000	5.000	2.000	14.750			1.500	1.500		
626	Vergütung Auszubildende	12.200					1.100								7.000	7.000	2.100	2.000
628	Hilfslöhne	72.000	3.300	5.800	6.000	15.100	5.900	10.000	12.500	13.000	9.500	45.000			6.000	6.000		
630	Gehälter	129.800	3.090	3.110		6.200	10.000	8.000	12.000	8.100	7.900	36.000	18.000	12.000	8.000	38.000	18.000	21.600
640	Sozialkosten	86.520	1.342	1.871	1.260	4.473	3.570	13.692	15.561	18.763	10.584	58.590	3.780	2.520	4.410	10.710	4.221	4.956
	Kalk. Abschreibungen	196.000	1.000	14.000	9.300	24.300	14.000	30.000	44.400	45.200	4.100	123.700	4.000	3.000	13.000	20.000	8.000	6.000
670	Mietaufwendungen	48.000	960	6.000	2.400	9.360	10.800	4.200	5.040	4.800	5.400	19.440	2.400	600	3.000	6.000	960	1.440
680	Büromaterial	8.500	100			100	1.800						1.300	900	300	2.500	2.700	1.400
690	Versicherungsprämien	5.700	190	380	190	760	760	570	570	570	570	2.280	570	190	380	1.140	570	190
692	Gebühren u. Beiträge	9.000		600	600	1.200	1.200						1.800		600	2.400	3.000	1.200
700	Betriebliche Steuern	18.000						2.000	2.000	2.000	2.000	8.000					8.000	2.000
	Summe Primärumlage	651.720	9.982	33.011	19.750	62.743	51.630	84.212	106.071	105.423	55.054	350.760	31.850	19.210	47.190	98.250	47.551	40.786
11	Pförtner		-9.982	234	156	-9.592	468	1.716	2.027	1.871	936	6.550	312	234	858	1.404	546	624
12	Fuhrpark			-33.245		-33.245	6.045				3.022	3.022	6.045			6.045	6.045	12.088
13	Energieversorgung				-19.906	-19.906	3.185	4.379	3.981	3.981	1.991	14.332	398	398	797	1.593	398	398
41	Technische Leitung							9.762	11.537	10.650	5.325	37.274	-38.605	1.331		-37.274		
42	Arbeitsvorbereitung							4.903	5.795	5.349	2.674	18.721		-21.173	2.452	-18.721		
43	Lehrwerkstatt							21.985	14.656	14.656		51.297			-51.297	-51.297		
	Summe Sekundärumlage	651.720	0	0	0	0	61.328	126.957	144.067	141.930	69.002	481.956	0	0	0	0	54.540	53.896
600	Fertigungsmaterial	320.600					320.600											
620	Fertigungslöhne	198.000						47.200	49.600	68.200	33.000	198.000						
	Ist-Heko des Umsatzes																1.041.884	1.041.884
	Soll-Heko des Umsatzes																1.045.080	1.045.080
	Ist-Zuschlagssätze						19,1	269	290	208	209						5,2	5,2
	Soll-Zuschlagssätze						20	270	280	220	200						5,0	6,0
	Verrechnete Gemeinkosten	661.439					64.120	127.440	138.880	150.040	66.000	482.360					52.254	62.705
	Über- bzw. Unterdeckung	9.719					2.792	483	-5.187	8.110	-3.002	404					-2.286	8.809

b) Kostenträgerzeitrechnung

		Verrechnete Sollkosten		
			Erzeugnisgruppen	
		insgesamt	Maschinenbau	Anlagenbau
	%	€	€	€
Fertigungsmaterial		320.600	195.500	125.100
MGK	20	64.120	39.100	25.020
Materialkosten		384.720	234.600	150.120
FL Schmiede		47.200	35.200	12.000
FGK Schmiede	270	127.440	95.040	32.400
FL Dreherei		49.600	33.000	16.600
FGK Dreherei	280	138.880	92.400	46.480
FL Schlosserei		68.200	48.200	20.000
FGK Schlosserei	220	150.040	106.040	44.000
FL Montage		33.000	9.000	24.000
FGK Montage	200	66.000	18.000	48.000
Fertigungskosten		680.360	436.880	243.480
Herstellkosten der Produktion		1.065.080	671.480	393.600
− Mehrbestand unfertige Erzeugnisse		− 30.000	− 20.000	− 10.000
+ Minderbestand fertige Erzeugnisse		10.000	10.000	0
Herstellkosten des Umsatzes		1.045.080	661.480	383.600
+ VwGK	5	52.254	33.074	19.180
+ VtGK	6	62.705	39.689	23.016
Selbstkosten des Umsatzes		1.160.039	734.243	425.796
Verkaufserlöse		1.200.009	729.209	470.800
Umsatzergebnis nach Produkten		39.970	− 5.034	45.004
+ Überdeckung lt. BAB I		9.719		
Betriebsergebnis		49.689		

c) Kostenträgerstückrechnung

Nachkalkulation Auftrag Nr. 1317	%	€
Fertigungsmaterial		20.500
MGK	20	4.100
Materialkosten		24.600
FL Schmiede		6.000
FGK Schmiede	270	16.200
FL Dreherei		7.000
FGK Dreherei	280	19.600
FL Schlosserei		4.000
FGK Schlosserei	220	8.800
FL Montage		1.000
FGK Montage	200	2.000
Fertigungskosten		64.600

Herstellkosten		89.200
+ VwGK	5	4.460
+ VtGK	6	5.352
Selbstkosten		99.012
Umsatzerlöse		105.000
Auftragsergebnis		+ 5.988

LÖSUNG

Aufgabe 12: Anlässe und Arten der Kostenträgerstückrechnung

a) Preiskalkulation (Vorkalkulation)

b) Betriebskalkulation (Vorkalkulation)

c) Zwischenkalkulation

d) Nachkalkulation

LÖSUNG

Aufgabe 13: Divisionskalkulation

515.200 € :	1.120.000 Ziegel	= 0,46 €	Selbstkosten je Ziegel
560.000 € :	1.120.000 Ziegel	= 0,50 €	Verkaufserlös je Ziegel
		= 0,04 €	Gewinn je Ziegel

Probe: 1.120.000 Ziegel × 0,04 € = 44.800 €

LÖSUNG

Aufgabe 14: Zweistufige Divisionskalkulation mit Bestandsveränderungen

a) Selbstkosten je Stück

= 56.000 € : 16.000 + 21.000 € : 14.000 + 3.000 € : 12.000

= 3,5 + 1,5 + 0,25 = 5,25 €

b) Herstellkosten der fertigen Erzeugnisse = 3,50 + 1,50 = 5,00 € je Stück

c) Herstellkosten der unfertigen Erzeugnisse = 3,50 € je Stück

d) Von 14.000 hergestellten fertigen Erzeugnissen wurden 12.000 abgesetzt. Lagerbestandserhöhung bei fertigen Erzeugnissen = 2.000 Stück

2.000 Stück × 5,00 € Herstellkosten = 10.000 € Lagerbestandserhöhung bei fertigen Erzeugnissen.

e) Von 16.000 hergestellten unfertigen Erzeugnissen wurden 14.000 zu fertigen Erzeugnissen weiterverarbeitet. Lagerbestandserhöhung = 2.000 Stück

2.000 Stück × 3,50 € Herstellkosten = 7.000 € Lagerbestandserhöhung bei unfertigen Erzeugnissen.

Aufgabe 15: Mehrstufige Divisionskalkulation

		Kosten Stufe I €	Kosten Stufe II €	Summe Selbstkosten €	Selbst-kosten €/t
1	2	3	4	5	6
Zwischenprodukt	1.000 t	240.000		240.000	240
Endprodukt	2.000 t	480.000	300.000	780.000	390
		720.000	300.000	1.020.000	

Spalte 3 = 720.000 : 3.000 × Spalte 2

Spalte 5 = Spalte 3 + Spalte 4

Spalte 6 = Spalte 5 : Spalte 2

Aufgabe 16: Einstufige Äquivalenzziffernkalkulation I

Sorte	Menge t	Äquivalenz-ziffern	Rechnungseinhei-ten	Selbstkosten €/t	Selbstkosten gesamt €
1	2	3	4	5	6
I	5.000	1,0	5.000	186,00	930.000,00
II	3.000	1,2	3.600	223,20	669.600,00
III	2.000	1,6	3.200	297,60	595.200,00
	10.000		11.800		2.194.800,00

Spalte 4 = Spalte 2 × Spalte 3

Spalte 6 = Spalte 4 × 2.194.800 : 11.800

Spalte 5 = Spalte 6 : Spalte 2

LÖSUNG

Aufgabe 17: Einstufige Äquivalenzziffernkalkulation II

Sorte	Menge l	Äquivalenzziffer	Rechnungseinheit (Spalte 2 x Spalte 3)	Kosten je l in €	Selbstkosten je Sorte in € (Spalte 2 × Spalte 5)
1	2	3	4	5	6
A	2.000	1,0	2.000	0,50	1.000,00
B	2.000	1,5	3.000	0,75	1.500,00
C	1.200	2,5	3.000	1,25	1.500,00
D	1.000	2,0	2.000	1,00	1.000,00
			10.000		5.000,00

Spalte 4 = Spalte 2 × Spalte 3

Spalte 6 = 5.000,00 : 10.000 × Spalte 4

Kosten je l Sorte A = 5.000,00 : 10.000 = 0,50 €

Kosten je l Sorte B = 0,50 € × 1,5 = 0,75

Kosten je l Sorte C = 0,50 € × 2,5 = 1,25

Kosten je l Sorte D = 0,50 € × 2,0 = 1,00

LÖSUNG

Aufgabe 18: Mehrstufige Äquivalenzziffernkalkulation

a) Ermittlung der Materialkosten je Sorte

Sorte	Menge Stück	Äquivalenzziffer	Rechnungseinheit (Spalte 2 x Spalte 3)	Materialkosten je Stück in €	Materialkosten je Sorte in € (Spalte 2 × Spalte 5)
1	2	3	4	5	6
A	500	1,0	500	1,50	750,00
B	400	2,0	800	3,00	1.200,00
C	600	1,0	600	1,50	900,00
D	200	2,0	400	3,00	600,00
			2.300		3.450,00

Materialkosten je Stück (Spalte 5):

Sorte A = 3.450,00 € : 2.300 = 1,50 €

Sorte B = 1,5 € × 2,0 = 3,00 €

Sorte C = 1,5 € × 1,0 = 1,50 €

Sorte D = 1,5 € × 2,0 = 3,00 €

b) Ermittlung der sonstigen Kosten je Sorte

Sorte	Menge Stück	Äquivalenzziffer	Rechnungseinheit (Spalte 2 x Spalte 3)	Sonstige Kosten je Stück in €	Sonst. Kosten je Sorte in € (Spalte 2 × Spalte 5)
1	2	3	4	5	6
A	500	1,0	500	2,00	1.000,00
B	400	2,0	800	4,00	1.600,00
C	600	2,0	1.200	4,00	2.400,00
D	200	1,5	300	3,00	600,00
			2.800		5.600,00

Sonstige Kosten je Stück (Spalte 5):

Sorte A = 5.600,00 € : 2.800 = 2,00

Sorte B = 2,00 € × 2,0 = 4,00 €

Sorte C = 2,00 € × 2,0 = 4,00 €

Sorte D = 2,00 € × 1,5 = 3,00 €

c) Ermittlung der Selbstkosten je Stück

Sorte	Materialkosten je Stück in €	Sonstige Kosten je Stück in €	Selbstkosten je Stück (Spalte 2 + Spalte 3)
1	2	3	4
A	1,50	2,00	3,50
B	3,00	4,00	7,00
C	1,50	4,00	5,50
D	3,00	3,00	6,00

V. Kalkulation im Handel

Aufgabe 1:   Angebotsvergleich

	Angebot Lieferer A (10 Einheiten)		Angebot Lieferer B (20 Einheiten)	
	%	€	%	€
Listenpreis (netto ohne USt)		5.000,00		9.800.00
− Liefererrabatt	5	250,00	5	490,00
= Zieleinkaufspreis		4.750,00		9.310,00
− Liefererskonto	3	142,50	2	186,20
= Bareinkaufspreis		4.607,50		9.123,80
+ Bezugskosten		500,00		850,00
= Bezugspreis für 10 bzw. 20 Einheiten		5.107,50		9.973,80
Bezugspreis für 1 Einheit		510,75		498,69

Aufgabe 2:   Absatzkalkulation als Vorwärtsrechnung

a) Ermittlung des Handlungskostensatzes

Zunächst ist der Handlungskostensatz zu ermitteln. Zu den Handlungskosten zählen in der vorliegenden Gewinn- und Verlustrechnung:

Personalaufwendungen	55.000
Abschreibungen	15.000
Sonst. betriebl. Aufwendungen	20.000
Zinsen (oder kalk. Zinsen)	10.000
Sonst. Steuern	5.000
Summe Handlungskosten	105.000

Handlungskostensatz = Handlungskosten : Umsatz zu Einstandspreisen × 100

Handlungskostensatz = 105.000 € : 500.000 € × 100 = 21 %

b) Ermittlung des Listenverkaufspreises

	%	%	€
Bezugspreis (netto ohne USt)	100		100,00
+ Handlungskosten	21		21,00
= Selbstkosten		100	121,00
+ Gewinn		10	12,10
= Barverkaufspreis	97		133,10
+ Kundenskonto	3		4,12

	95	137,22
= Zielverkaufspreis	95	137,22
+ Kundenrabatt	5	7,22
= Listenverkaufspreis (netto ohne USt)		144,44

c) Ermittlung des Kalkulationszuschlages und des Kalkulationsfaktors

Kalkulationszuschlag = (Verkaufspreis − Bezugspreis) : Bezugspreis × 100

Kalkulationszuschlag = (144,44 − 100,00) : 100,00 × 100 = 44,44 %

Kalkulationsfaktor = Listenverkaufspreis : Bezugspreis

Kalkulationsfaktor = 144,44 : 100,00 = 1,4444

LÖSUNG

Aufgabe 3: Absatzkalkulation als Rückwärtsrechnung

a) Ermittlung des Bezugspreises bei vorgegebenem Verkaufspreis

	%	%	€
Listenverkaufspreis (netto ohne USt)	100		140,00
− Kundenrabatt	5		7,00
= Zielverkaufspreis		100	133,00
− Kundenskonto		3	3,99
= Barverkaufspreis	110		129,01
− Gewinn	10		11,73
= Selbstkosten	100	121	117,28
− Handlungskosten		21	20,35
= Bezugspreis		100	96,93
− Bezugskosten			2,00
= Bareinkaufspreis	97		94,93
+ Liefererskonto	3		2,94
= Zieleinkaufspreis	100	95	97,87
+ Liefererrabatt		5	5,15
= Listeneinkaufspreis (netto ohne USt)		100	103,02

Bei einem vom Markt vorgegebenen Listenverkaufspreis von 140,00 € darf der Listeneinkaufspreis den Betrag von 103,02 € nicht überschreiten.

b) Ermittlung der Handelsspanne

Handelsspanne = (Listenverkaufspreis − Listeneinkaufspreis) : Listenverkaufspreis × 100

Handelsspanne = (140,00 € − 103,02 €) : 140,00 € × 100 = 26,41 %

Proberechnung: 140,00 € – 103,02 € = 36,98 €

26,41 % von 140,00 € Listenverkaufspreis =	36,98 €
+ Listeneinkaufspreis	103,02 €
= Listenverkaufspreis	140,00 €

c) Unterscheidung von Handlungskosten und Handelsspanne

Unter den **Handlungskosten** versteht man die Summe der betriebsbedingten Aufwendungen, die über den Verkaufspreis vom Markt zurückgeholt werden müssen.

Die **Handelsspanne** ist die Differenz zwischen dem Listenverkaufspreis und dem Bezugspreis. Sie geht über die Handlungskosten hinaus, indem sie die Handlungskosten, den geplanten Gewinn und die Abzüge, Rabatte und Skonti beim Verkauf umfasst.

VII. Teilkostenrechnung

LÖSUNG

Aufgabe 1: Teilkostenrechnung

Aufgabe	Kosten	500 Fahrräder	2.000 Fahrräder	4.000 Fahrräder
a)	fixe Kosten je Fahrrad[1]	800 €	200 €	100 €
	+ variable Kosten je Fahrrad	180 €	180 €	180 €
b)	= Gesamtkosten je Fahrrad	980 €	380 €	280 €
c)	variable Kosten insgesamt	90.000 €	360.000 €	720.000 €
d)	Gesamtkosten[2]	490.000 €	760.000 €	1.120.000 €

[1] a = 400.000 € Fixkosten : 500 Fahrräder = 800 € je Fahrrad
[2] d = c + 400.000 € Fixkostenblock

LÖSUNG

Aufgabe 2: Deckungsbeitrag je Stück und insgesamt

gefertigte Stückzahl	1.000	3.000	8.000
Kalkulation je Stück	€	€	€
Erlös	16,00	16,00	16,00
– variable Kosten	8,00	8,00	8,00
= Deckungsbeitrag	8,00	8,00	8,00
– fixe Kosten[1]	50,00	16,67	6,25
= Ergebnis je Stück	– 42,00	– 8,67	+ 1,75
Gesamtkalkulation	€	€	€
Erlös[2]	16.000,00	48.000,00	128.000,00
– variable Kosten	8.000,00	24.000,00	64.000,00
= Deckungsbeitrag	8.000,00	24.000,00	64.000,00
– fixe Kosten	50.000,00	50.000,00	50.000,00
= Ergebnis gesamt	– 42.000,00	– 26.000,00	+ 14.000,00

[1] 50.000 € fixe Kosten : 1.000 Stück = 50 € fixe Kosten je Stück
[2] 1.000 Stück x 16 € = 16.000 €

LÖSUNG

Aufgabe 3: Kostenverhalten der Abschreibungen

a) 600.000 € : 200.000 Stück = 3 €

b) 8.000 Stück x 3 € = 24.000 €
    6.000 Stück x 3 € = 18.000 €
    4.000 Stück x 3 € = 12.000 €

6.000 Stück x 3 €   = 18.000 €

7.000 Stück x 3 €   = 21.000 €

c) Die kalkulatorischen Abschreibungen werden i. d. R. als fixe Kosten behandelt. Geht man davon aus, dass Abschreibungen steuerlich „Absetzung für Abnutzung" sind, müssten sie als variable (proportionale) Kosten behandelt werden, denn wo nicht gearbeitet wird, wird auch nicht abgenutzt und kommt auch keine technische Veralterung in Frage. Deshalb darf die Abschreibung kalkulatorisch auch nach der gefertigten Stückzahl, d. h. proportional verrechnet werden. Man spricht dann von Abschreibungen nach Leistungseinheiten. Da Abschreibungen neben der technischen Abnutzung auch die technische Veralterung und die wirtschaftliche Einsatzfähig der Vermögensgegenstände im Zeitablauf berücksichtigen, sind sie tatsächlich Mischkosten.

Weitere Betrachtung: Der Verkaufspreis einer gebrauchten Maschine fällt in den ersten Jahren schneller als in den Folgejahren.

Andererseits steigen die Reparaturkosten und damit die Ausfallzeiten der Maschine in den Folgejahren. Gleichzeitig steigt i. d. R. der Energieverbrauch, während die Einsatzmöglichkeiten zurückgehen.

Das führt zu einer weitgehenden Kompensation von Wertverlust und Betriebskosten über die Lebensdauer.

LÖSUNG

Aufgabe 4:   Veränderung des Kostenanfalls bei unterschiedlichen Produktionsmengen

	a)			b)		
	Gesamtkosten in €			Stückkosten in €		
gefertigte Stückzahl	variabel	fix	gesamt	variabel	fix	gesamt
20.000	100.000,00	300.000,00	400.000,00	5,00	15,00	20,00
25.000	115.000,00	300.000,00	415.000,00	4,60	12,00	16,60
30.000	129.000,00	300.000,00	429.000,00	4,30	10,00	14,30
35.000	150.500,00	300.000,00	450.500,00	4,30	8,57	12,87
40.000	188.000,00	300.000,00	488.000,00	4,70	7,50	12,20
50.000	260.000,00	300.000,00	560.000,00	5,20	6,00	11,20

c) Mögliche Gründe für die Veränderung der variablen Kosten je Stück:
Die Erhöhung der Stückzahl kann zunächst zu einem Rückgang der variablen Kosten je Stück führen.

Beim Fertigungsmaterial kommt es zu Einsparungen durch Reduzierung der Bestellkosten und verbesserter Einkaufskonditionen.

Die Fertigungskosten je Stück nehmen durch Einsparung von Rüstzeiten bei größeren Losgrößen ab. Mit der Steigerung der gefertigten Stückzahlen bis zur Kapazitätsgrenze steigen gerade die Fertigungskosten aufgrund von Überstundenvergütungen, Schichtzulagen und Reparaturen bzw. Verschleiß beim Einsatz von Maschinen und Anlagen, Ausschussproduktion, Lohnarbeit in Fremdbetrieben oder teure Leiharbeiter, ungünstigere Tarife für elektrischen Strom usw., wieder an.

LÖSUNG

Aufgabe 5: Kostenspaltung

80 %	8.000 Einheiten	3.360 €
90 %	9.000 Einheiten	3.680 €
Differenz	1.000 Einheiten	320 €

Probe:

Proportionale Kosten = 320 € : 1.000 = 0,32 € je Einheit

Gesamtkosten bei 8.000 Einheiten	3.360 €
– proportionale Kosten (0,32 € × 8.000 Einheiten)	2.560 €
= fixe Kosten	800 €

Gesamtkosten bei 9.000 Einheiten	3.680 €
– proportionale Kosten (0,32 € × 9.000 Einheiten)	2.880 €
= fixe Kosten	800 €

LÖSUNG

Aufgabe 6: Vollkostenrechnung, Teilkostenrechnung und Deckungsbeitrag

a) Die Vollkostenrechnung verrechnet die gesamten Kosten, die fixen und die variablen auf die Kostenträger.

Die Teilkostenrechnung verrechnet nur die Einzelkosten als variable Kosten und die variablen Gemeinkosten auf die Kostenträger.

b) Der Deckungsbeitrag ist der Betrag, den ein Kostenträger zur Deckung der Fixkosten und zur Erreichung eines Nettogewinns erzielt.

Beispiel: Ein Betrieb verkauft ein Erzeugnis für netto 100 €. Die variablen Selbstkosten betragen 60 €. Über die variablen Kosten hinaus wird ein Deckungsbeitrag von 40 € erwirtschaftet. Der Betrag von 40 € dient zunächst zur Deckung der fixen Kosten. Übersteigt die Summe der Deckungsbeiträge aus allen Verkäufen der Abrechnungsperiode die Summe der fixen Kosten der Abrechnungsperiode, so führt der den Fixkostenblock übersteigende Betrag zu einem Überschuss oder Gewinn. Hat der Betrieb einen Fixkostenblock von 350.000 € und wurden im Abrechnungsmonat 10.000 Stück gefertigt und verkauft, ergibt sich ein Deckungsbeitrag von 400.000 €. Die Fixkosten in Höhe von 350.000 € sind voll gedeckt und außerdem wurde ein Gewinn von 50.000 € erwirtschaftet.

Rechnung:	1 Stück	10.000 Stück
Verkaufspreis netto	100 €	1.000.000 €
variable Kosten	60 €	600.000 €
Deckungsbeitrag	40 €	400.000 €
Fixkostenblock		350.000 €
Gewinn		50.000 €

c) Die variablen Kosten müssen voll über die Erlöse zurückfließen. Jeder Betrag, um den der Verkaufspreis die variablen Kosten übersteigt, führt zur Deckung eines Teils der fixen Kosten und mindert damit den Verlust der Abrechnungsperiode.

d) Betriebsergebnis = 500.000 € − 300.000 € − 210.000 € = −10.000 €

LÖSUNG

Aufgabe 7:   Ermittlung des Deckungsbeitrags und des Betriebsergebnisses

a) Deckungsbeitrag je Stuhl

Verkaufspreis	32,00 €
− variable Kosten	16,00 €
= Deckungsbeitrag	16,00 €

b)

	April 1.500 Stück €	Mai 2.000 Stück €	Juni 2.200 Stück €
Verkaufserlöse	48.000,00	64.000,00	70.400,00
− variable Kosten	24.000,00	32.000,00	35.200,00
= Deckungsbeitrag	24.000,00	32.000,00	35.200,00
− Fixkostenblock	28.000,00	28.000,00	28.000,00
= Betriebsergebnis	− 4.000,00	+ 4.000,00	+ 7.200,00
= Ergebnis je Stuhl	− 2,67	+ 2,00	+ 3,27

LÖSUNG

Aufgabe 8:   Absatzförderung bei Produkten mit unterschiedlichen Deckungsbeiträgen

a) Deckungsbeiträge und Betriebsergebnis

Ermittlung der variablen Kosten

	Typ 1	Typ 2	Typ 3
Fertigungsmaterial	80.000	20.000	50.000
Fertigungslöhne	32.000	8.000	20.000
variable Gemeinkosten	38.400	12.800	40.000
variable Kosten gesamt	150.400	40.800	110.000
gefertigte Stückzahl	4.000	1.000	2.500
variable Kosten je Stück	37,60 €	40,80 €	44,00 €

	Gesamt €	Typ 1 €	Typ 2 €	Typ 3 €
Verkaufserlöse[1]	406.000	224.000	72.000	110.000
− variable Kosten[2]	301.200	150.400	40.800	110.000
= Deckungsbeitrag	104.800	73.600	31.200	0
− Fixkostenblock	150.000			
= Betriebsergebnis	− 45.200			
Deckungsbeitrag in % vom Umsatz	25,8 %	32,9 %	43,3 %	0,0 %

[1] 56 € x 4.000 Stück = 224.000 €
[2] 37,60 € x 4.000 Stück = 150.400 €

b) Erläuterung des Ergebnisses

Typ 1 und Typ 2 haben zu einem Deckungsbeitrag beigetragen. Dabei wird unterstellt, dass die drei Typen die Fertigungskapazität etwa gleichartig nutzen. Der Gesamt-Deckungsbeitrag aus Typ 1 ist mehr als doppelt so groß wie der aus Typ 2. Auf das Stück bezogen ist der Deckungsbeitrag aus Typ 2 der größte. Deshalb sollten zunächst so viele Bügeleisen von Typ 2 hergestellt werden, wie der Markt aufnehmen kann. Erst dann sind Bügeleisen vom Typ 1 herzustellen. Nur wenn die Kapazität mit der Herstellung der Typen 2 und 1 nicht voll ausgelastet ist, könnte Typ 3 hergestellt werden, um die Fertigungslöhne der kurzfristig nicht zu entlassenden Mitarbeiter zu decken.

LÖSUNG

Aufgabe 9: Ermittlung der Gewinnschwelle

a)

Erlös	= 400.000 : 4.000 = 100 € je Einheit
variable Kosten	= 200.000 : 4.000 = 50 € je Einheit

	Vollauslastung 5.000 Stück	4.500 Stück	1.000 Stück
Verkaufserlöse	500.000	450.000	100.000
− variable Kosten	250.000	225.000	50.000
= Deckungsbeitrag	250.000	225.000	50.000
− Fixkostenblock	100.000	100.000	100.000
= Ergebnis	+ 150.000	+ 125.000	− 50.000
= Deckungsbeitrag je Stück	50	50	50

b) Ermittlung der Gewinnschwelle

$$\frac{\text{zusätzliche Fixkosten}}{\text{Deckungsbeitrag je Stück}} = \frac{20.000}{50} = 400 \text{ Einkaufswagen}$$

$$\frac{120.000 \text{€ neuer Fixkostenblock}}{50} = 2.400 \text{ Einkaufswagen}$$

Die Gewinnschwelle liegt bei 2.400 Einkaufswagen.

c) Ermittlung der neuen Gewinnschwelle nach Einsparungen

	Verkaufserlös	90 €
−	variable Kosten	50 €
=	Deckungsbeitrag	40 €

$$\frac{\text{Fixkosten}}{\text{Deckungsbeitrag je Stück}} = \frac{100.000}{40} = 2.500 \text{ Einkaufswagen}$$

d) Der Deckungsbeitrag beträgt dann 100 € − 40 € = 60 €/Stück.
   Die neue Gewinnschwelle liegt dann bei 100.000 : 60 = 1.666 Stück.

e) 100.000 € Fixkosten : 25 € Deckungsbeitrag/Einheit = 4.000 Einkaufswagen

LÖSUNG

Aufgabe 10: Ermittlung von Verkaufserlös und Gewinnschwellenmenge

	3.500 Stück	1 Stück
Verkaufserlös	(120.000 − 8.000 =) 112.000 €	32 €
− variable Kosten	(120.000 − 50.000 =) 70.000 €	20 €
= Deckungsbeitrag	42.000 €	12 €
− fixe Kosten	50.000 €	
= Fehlbetrag	− 8.000 €	

Gewinnschwelle = 50.000 : 12 = 4.166 Stück

LÖSUNG

Aufgabe 11: Ermittlung von Gewinnschwelle und Betriebsergebnis

	2.400 Stück	1 Stück
Verkaufserlös	720.000 €	300 €
− variable Kosten	432.000 €	180 €
= Deckungsbeitrag	288.000 €	120 €
− fixe Kosten	240.000 €	
= Ergebnis	48.000 €	

a) $\frac{240.000}{120} = 2.000 \text{ Stück}$

b) $\frac{2.000 \times 100}{2.400} = 83,33\,\%$

c) 48.000 €

Aufgabe 12: Auswirkung einer Preissenkung auf Gewinnschwelle, Beschäftigungsgrad, Deckungsbeitrag und Ergebnis je Einheit

gefertigte Stückzahl	1	1	7.500	9.500
Einzelpreis	50 €	45 €	50 €	45 €
Verkaufserlöse	50 €	45 €	375.000 €	427.500 €
– variable Kosten	20 €	20 €	150.000 €	190.000 €
= Deckungsbeitrag	30 €	25 €	225.000 €	237.500 €
– fixe Kosten			180.000 €	180.000 €
= Gewinn gesamt			45.000 €	57.500 €
				– 45.000 €
Mehrgewinn trotz Preissenkung				12.500 €
Gewinn je Stück			6,00 €	6,053 €

a) Gewinnschwellenmenge bei 50 € Verkaufspreis = 180.000 : 30 = 6.000 Stück

   Gewinnschwellenmenge bei 45 € Verkaufspreis = 180.000 : 25 = 7.200 Stück

b) Bei einem Verkaufspreis von 50 € liegt die Gewinnschwelle bei einem Beschäftigungsgrad von 6.000 × 100 : 10.000 = 60 %

   Bei einem Verkaufspreis von 45 € liegt die Gewinnschwelle bei einem Beschäftigungsgrad von 7.200 × 100 : 10.000 = 72 %

c) Der Deckungsbeitrag steigt von 225.000 € auf 237.500 €.

d) Der Gewinn je Stück steigt um 5,3 Cent (genau 5,263) insgesamt

7.500 × 0,05263 € =	394,00 €	(genau: 394,725)
+ 2.000 × 6,05300 € =	12.106,00 €	
	12.500,00 €	

   oder:

7.500 x 6,00000 €	45.000,00 €
9.500 × 6,05263 €	57.500,00 €
Steigerung gesamt	12.500,00 €

Aufgabe 13: Auswirkung einer Preissenkung auf Gewinnschwelle, Beschäftigungsgrad, Deckungsbeitrag und Ergebnis je Einheit bei Erhöhung der variablen Kosten

gefertigte Stückzahl	1	1	7.500	9.500
Einzelpreis	50 €	45 €	50 €	45 €
Verkaufserlöse	50 €	45 €	375.000 €	427.500 €
– variable Kosten	30 €	30 €	225.000 €	285.000 €

= Deckungsbeitrag	20 €	15 €	150.000 €	142.500 €
– fixe Kosten			100.000 €	100.000 €
= Gewinn gesamt			50.000 €	42.500 € – 50.000 €
Mindergewinn				7.500 €
Gewinn je Stück			6,67 €	4,47 €

a) Gewinnschwellenmenge bei 50 € Verkaufspreis = 100.000 : 20 = 5.000 Stück

Gewinnschwellenmenge bei 45 € Verkaufspreis = 100.000 : 15 = 6.666 Stück

b) Bei einem Verkaufspreis von 50 € liegt die Gewinnschwelle bei einem Beschäftigungsgrad von 5.000 × 100 : 10.000 = 50 %

Bei einem Verkaufspreis von 45 € liegt die Gewinnschwelle bei einem Beschäftigungsgrad von 6.666 × 100 : 10.000 = 67 %

c) Der Deckungsbeitrag fällt von 150.000 € auf 142.500 €.

d) Der Gewinn je Stück fällt von 6,67 € auf 4,47 €
und insgesamt von 50.000 € auf 42.500 €

LÖSUNG

Aufgabe 14: Hereinnahme von Zusatzaufträgen

a) aa) 175.000 – 112.000 = 63.000 + 100.000 = 163.000 € Gesamtergebnis

ab) 40.000 – 32.000 = 8.000 + 100.000 = 108.000 € Gesamtergebnis

	Aus bisheriger Fertigung von 100.000 Stück à 8 €	Zusätzlich 35.000 Stück à 5 €	Zusätzlich 10.000 Stück à 4 €
variable Kosten (3,20 €/Stück)	320.000	112.000	32.000
fixe Kosten	380.000	0	0
Gesamtkosten	700.000	112.000	32.000
Umsatzerlöse	800.000	175.000	40.000
Gewinn	100.000	63.000	8.000
Gewinn aus bisheriger Fertigung		100.000	100.000
		163.000	108.000

b) Die Kapazität müsste durch den Kauf zusätzlicher Maschinen erweitert werden. Der Fixkostenblock würde erhöht. Das einzelne Erzeugnis müsste zunächst höhere Fixkosten tragen. Der Gewinn je Stück würde sinken bis für die neue Fertigungskapazität der Beschäftigungsgrad erreicht worden ist, der vor Erweiterung der Kapazität vorgelegen hat (Problem der sprungfixen Kosten).

LÖSUNG

Aufgabe 15: Optimale Sortimentsgestaltung

a) Der Fabrikant wird möglichst die Produkte herstellen, die zu einem hohen (absoluten) Deckungsbeitrag führen.

b) Wird die Produktionsmenge insgesamt durch Engpässe eingeschränkt, sind die Produkte zu bevorzugen, die den höheren Deckungsbeitrag je Fertigungsstunde im Engpass bringen (relativer Deckungsbeitrag).

c) Der Unternehmer wird bei Produkten mit unterschiedlichen Deckungsbeiträgen immer zunächst von dem Produkt mit dem höchsten Deckungsbeitrag soviel produzieren, wie er zu einem gegebenen Preis absetzen kann. Ist dann noch freie Kapazität vorhanden, wird er so viele Einheiten des Produkts mit dem zweithöchsten Deckungsbeitrag fertigen, wie er am Markt absetzen kann. Nur wenn die Fertigungskapazität sonst nicht ausgelastet wäre, wird er schließlich noch Produkte fertigen, die ihre gesamten variablen Kosten, aber nur einen Teil der Fixkosten decken.

LÖSUNG

Aufgabe 16: Definition der kurzfristigen und der langfristigen Preisuntergrenze

Die **kurzfristige Preisuntergrenze** ist ein Begriff der Teilkostenrechnung. Der Verkaufspreis entspricht den variablen Kosten. Jeder Zusatzauftrag, der nicht die von diesem Auftrag verursachten variablen Kosten (Grenzkosten) deckt, verschlechtert das Ergebnis. Jeder Auftrag, der auch nur 1 € über der kurzfristigen Preisuntergrenze liegt, verbessert das Ergebnis.

Die **langfristige Preisuntergrenze** ist ein Begriff der Vollkostenrechnung. Sie entspricht den Selbstkosten. Langfristig müssen neben den variablen Kosten auch sämtliche Fixkosten über die Verkaufspreise zurückfließen. Die langfristige Preisuntergrenze ist durch den Break-even-Point gekennzeichnet. Jeder Auftrag oberhalb der langfristigen Preisuntergrenze führt zu einem zusätzlichen Gewinn.

LÖSUNG

Aufgabe 17: Ermittlung der kurzfristigen und der langfristigen Preisuntergrenze

a) Kurzfristige Preisuntergrenze:

250.000 € : 5.000 Stück = 50 € oder: 5.000 Stück × 50 € = 250.000 €

b) Langfristige Preisuntergrenze:

variable Kosten = 5.000 Stück × 50 €	=	250.000 €
fixe Kosten	=	200.000 €
Selbstkosten für 5.000 Stück	=	450.000 €
Selbstkosten für 1 Stück	=	90 €

LÖSUNG

Aufgabe 18:   Veränderung von Beschäftigungsgrad, Stückkosten, Deckungsbeitrag und Gesamtergebnis bei Hereinnahme von Zusatzaufträgen

	bisher 4.000 Stück	je Stück	zusätzlich 500 Stück à 25 €	Gesamtkosten bei 4.500 Stück
Verkaufserlöse	136.000 €	34 €	12.500 €	148.500 €
− variable Kosten	72.000 €	18 €	9.000 €	81.000 €
= Deckungsbeitrag	64.000 €	16 €	3.500 €	67.500 €
− fixe Kosten	48.000 €		0 €	48.000 €
= Ergebnis	16.000 €		3.500 €	19.500 €

a) Beschäftigungsgrad:

bisher	4.000 Stück =	80 %
Kapazität	5.000 Stück =	100 %
einschl. Zusatzauftrag	4.500 Stück =	90 %

b) Die variablen Stückkosten je Taschenrechner verändern sich nicht. Bei Fertigung von 4.000 Stück entfallen 12,00 € Fixkosten auf einen Taschenrechner, bei Fertigung von 4.500 Stück nur noch 10,67 €.

c) 25,00 € − 18,00 € = 7,00 €

d) 3.500,00 € zusätzlicher Gewinn

LÖSUNG

Aufgabe 19:   Deckungsbeitragsrechnung bei verschlechterten Absatzmöglichkeiten

a)

	1.200	1	1.200	1
Einzelpreis	230 €	230 €	200 €	200 €
Verkaufserlöse	276.000 €	230 €	240.000 €	200 €
− variable Kosten	144.000 €	120 €	144.000 €	120 €
= Deckungsbeitrag	132.000 €	110 €	96.000 €	80 €
− fixe Kosten	120.000 €	100 €	120.000 €	100 €
= Ergebnis	+ 12.000 €	+ 10 €	− 24.000 €	− 20 €

b)

	1.000	1.000	0 = Einstellung der Produktion
Einzelpreis	230 €	200 €	
Verkaufserlöse	230.000 €	200.000 €	
− variable Kosten	120.000 €	120.000 €	
= Deckungsbeitrag	110.000 €	80.000 €	
− fixe Kosten	120.000 €	120.000 €	120.000 €
= Ergebnis	− 10.000 €	− 40.000 €	− 120.000 €

c) Hier kann nur eine Auswahl der vielen Möglichkeiten aufgeführt werden: Kostensenkung bei den fixen und den variablen Kosten durch Normung, Lagerabbau, Sortimentsbereinigung, Wertanalyse, Automatisierung der Fertigung, Straffung und Verkleinerung des Fertigungs- und des Verwaltungsbereichs, Auslagerung der Einzelteilfertigung, Mehrschichtbetrieb, Modernisierung des Maschinenparks, Just-in-time-Lieferungen, Erweiterung der Produktpalette in eine neue Richtung oder auch Konzentration auf die Kernprodukte, Innovation, Einstellung qualifizierter Mitarbeiter (evtl. bei Verkleinerung der Belegschaft), Schaffung neuer Märkte, Erschließung neuer Absatzwege, Kooperation mit anderen Herstellern.

LÖSUNG

Aufgabe 20: Grenzen und Gefahren bei Preissenkungen unter die Vollkosten

Der Wert des Güterstroms **aus dem Betrieb** muss mittelfristig mit dem Geldstrom **in den Betrieb** übereinstimmen. Kurzfristig können Verluste (bei Abbau von Eigenkapital und Rücklagen) in Kauf genommen werden. Sind diese Reserven aufgebraucht, ist der Betrieb nicht mehr existenzfähig. Ergibt sich bei Aufstellung der Jahresbilanz oder einer Zwischenbilanz oder ist bei pflichtgemäßem Ermessen anzunehmen, dass ein Verlust in Höhe der Hälfte des gezeichneten Kapitals besteht, so haben der Vorstand der AG (§ 92 Abs. 1 AktG) und die Geschäftsführer der GmbH (§ 49 Abs. 3 GmbHG) unverzüglich die Hauptversammlung einzuberufen (Verlustanzeige). Zahlungsunfähigkeit (mangelhafte Liquidität) und Überschuldung sind Konkursgründe. Eine Überschuldung liegt vor, wenn trotz Neubewertung zum Stichtag das Vermögen geringer ist als die Schulden.

LÖSUNG

Aufgabe 21: Maßnahmen bei Verschlechterung der Marktsituation

a) Sinkt der Verkaufspreis eines Erzeugnisses nur vorübergehend unter die Selbstkosten und kann die vorhandene Fertigungskapazität nicht für andere Erzeugnisse genutzt werden, sollten auch solche Aufträge angenommen werden, die zwar die variablen Kosten voll, die fixen Kosten aber nur teilweise decken.

b) Wenn mit einer Veränderung der defizitären Marktsituation nicht mehr zu rechnen ist, muss so früh wie möglich „die Notbremse gezogen werden", d. h. die betriebliche Tätigkeit ist einzustellen, wenn sich keine andere Lösungsmöglichkeit anbietet. Mit der Einstellung soll ein Auflaufen weiterer Verluste vermieden werden.

LÖSUNG

Aufgabe 22: Relativer Deckungsbeitrag I

a) Wenn der Markt alle Produkte unbegrenzt aufnimmt, sollten 3.200 Stück von Produkt 3 gefertigt werden. Nimmt der Markt nur maximal 1.200 Stück von jedem Produkt auf, sollten gefertigt werden:

1.200 Stück   von Produkt 3
1.200 Stück   von Produkt 2
und 800 Stück von Produkt 1
_____
3.200 Stück insgesamt

b) Relativer Deckungsbeitrag:

Produkt	DB je Stück	Engpasszeit je Stück	Stückzahl je Stunde	relativer DB
1	2	3	4	5
1	200	10 Min.	6	1.200 €
2	300	20 Min.	3	900 €
3	500	30 Min.	2	1.000 €

Spalte 4:   60 Min. : 10 Min. = 6 Stück
                   60 Min. : 20 Min. = 3 Stück
                   60 Min. : 30 Min. = 2 Stück
Spalte 5 =   Spalte 2 × Spalte 4

Gefertigt werden sollen:

von Produkt	Stück	Engpasszeit/Stück	Minuten	Stunden
1	2	3	4	5
1	1.500	10 Min.	15.000	250
2	1.500	20 Min.	30.000	500
3	200	30 Min.	6.000	100
Gesamt	3.200		51.000	850

Spalte 4 =   Spalte 2 × Spalte 3
Spalte 5 =   Spalte 4 : 60 Minuten

LÖSUNG

Aufgabe 23: Relativer Deckungsbeitrag II

a) s. Spalte 5 der Tabelle

b) s. Spalte 6 der Tabelle

Produkt	DB je Produkt €	Fertigungszeit im Engpass Min.	Stück je Std.	relativer DB je Produkt €	max. Stückzahl	Arbeits-Std. insgesamt
1	2	3	4	5	6	7
1	30	20	3	90	3.000	1.000
2	20	10	6	120	3.000	500
3	40	30	2	80	3.000	1.500
4	15	15	4	60	800	200

Spalte 4 =   60 Min. : Spalte 3
Spalte 5 =   Spalte 2 × Spalte 4
Spalte 7 =   Spalte 6 × Spalte 3 : 60 Min.

LÖSUNG

Aufgabe 24:   Entscheidung über Eigenfertigung oder Fremdbezug in der Teilkostenrechnung

Kauf: Listenpreis   20.000 €

        − 10 % Rabatt   2.000 €

        = Zieleinkaufspreis   18.000 €

        + Anschaffungsneben-
           kosten   1.100 €

        = Anschaffungskosten   19.100 €

Eigenfertigung:

		Gesamtkalkulation				Stückkalkulation	
	%	Vollkosten €	%	variable Kosten €	Vollkosten €	variable Kosten €
FM		100.000		100.000	7.000	7.000
MGK	20	20.000	8	8.000	1.400	200
FL		100.000		100.000	3.000	3.000
FGK	500	500.000	200	200.000	15.000	6.000
Heko		720.000		408.000	26.400	16.200
VwGK	10	72.000	5,4	22.000	2.640	875
VtGK	20	144.000	5,9	24.000	0	0
Gesamtkosten für die Vorrichtung					29.040	17.075

Für die Eigenfertigung zählen nur die variablen Kosten als zusätzlich anfallende Kosten.

Die tatsächlichen Beschaffungskosten sind mit 200 € niedriger als die variablen Kosten des Beschaffungsbereichs mit 560 €.

Vertriebskosten fallen für die Eigenfertigung nicht an.

Die Vorrichtung sollte für 17.075 € im eigenen Betrieb hergestellt werden.

LÖSUNG

Aufgabe 25:   Mehrstufige Deckungsbeitragsrechnung I

	A €	B €	A + B €
Umsatzerlöse	230.000	288.000	
– variable Kosten	100.000	135.000	
= Deckungsbeitrag I	130.000	153.000	
– Erzeugnisfixkosten	75.000	117.000	
= Deckungsbeitrag II	55.000	36.000	91.000
– Unternehmensfixkosten			56.000
= Betriebsergebnis			35.000

Umsatzerlöse =   Stückzahl × Stückpreis
Variable Kosten =   Stückzahl × variable Kosten je Stück

LÖSUNG

Aufgabe 26:   Mehrstufige Deckungsbeitragsrechnung II

Produkte	A €	B €	C €	D €	E €
Umsatzerlöse	190.000	300.000	220.000	120.000	100.000
– variable Kosten	48.000	80.000	40.000	30.000	30.000
= Deckungsbeitrag I	142.000	220.000	180.000	90.000	70.000
– Erzeugnisfixkosten	12.000	60.000	30.000	25.000	20.000
= Deckungsbeitrag II	130.000	160.000	150.000	65.000	50.000
– Erzeugnisgruppenfixkosten	25.000		0	15.000	
= Deckungsbeitrag III	265.000		150.000	100.000	
– Bereichsfixkosten	120.000		140.000		
= Deckungsbeitrag IV	145.000		110.000		
– Unternehmensfixkosten	160.000				
= Betriebsergebnis	95.000				

LÖSUNG

Aufgabe 27:   Deckungsbeitragsrechnung als Basis unternehmerischer Entscheidungen

Die folgenden Antworten sind Lösungsvorschläge, aber keine erschöpfende Darstellung.

a) Ein Unternehmen muss wissen, bei welchem Beschäftigungsgrad die Umsatzerlöse die Summe aus variablen und fixen Kosten decken. Die Deckungsbeitragsrechnung ermöglicht die

Ermittlung des kritischen Beschäftigungsgrades. Erst bei Überschreitung des kritischen Beschäftigungsgrades (Break-even-Point) werden Gewinne erzielt.

b) Wenn der Betrieb nicht ganz ausgelastet ist, lohnt sich die Hereinnahme von Aufträgen zu niedrigeren Verkaufspreisen, so lange die Verkaufspreise höher sind als die zusätzlich anfallenden variablen Kosten, denn die fixen Kosten sind bereits durch den Verkauf in bestehenden Teilmärkten – z. B. über die Umsätze unter der Markenbezeichnung – gedeckt.

c) Ermittlung der Preisuntergrenze, bis zu der Aufträge hereingenommen werden können. Jeder Verkaufspreis, der die zusätzlich anfallenden variablen Kosten eines Auftrags übersteigt, mindert den Jahresfehlbetrag.

d) Ermittlung der optimalen Sortimentsgestaltung aufgrund der Kenntnisse über absolute und relative Deckungsbeiträge.

e) Vergleich des Kaufpreises mit den (zusätzlich anfallenden) variablen Kosten im Falle der Eigenfertigung.

LÖSUNG

Aufgabe 28: Ermittlung der Deckungsbeiträge bei artverwandten Produkten

a bis c)

	Verhält-nis	Stück	Preis pro Stück €	Wertung	proport. Kosten gesamt €	proport. Kosten Stück €	DB je Stück €	Deckungsbeitrag gesamt €
1	2	3	4	5	6	7	8	9
A	1	100	50	100	3.600	36	14	1.400
B	1,5	200	70	300	10.800	54	16	3.200
C	2	300	90	600	21.600	72	18	5.400
	4,5			1.000	36.000			
Summe der Deckungsbeiträge								10.000
– fixe Kosten								8.000
= Betriebsgewinn								2.000

Spalte 5 =   Spalte 2 × Spalte 3

Spalte 6 =   A = 100 × 36.000 : 1.000 = 3.600
              B = 300 × 36.000 : 1.000 = 10.800
              C = 600 × 36.000 : 1.000 = 21.600

Spalte 7 =   Spalte 6 : Spalte 3

Spalte 8 =   Spalte 4 – Spalte 7

Spalte 9 =   Spalte 3 × Spalte 4 – Spalte 6

VIII. Plankostenrechnung

LÖSUNG

Aufgabe 1: Ermittlung des Plankostensatzes, der Gesamtabweichung und Gründe für eine Überdeckung

a)

$$\text{Planverrechnungssatz} = \frac{150.000\,€}{30.000\ \text{Stück}} = 5\,€$$

b)

In der Kostenträgerrechnung verrechnet:

35.000 Stück × 5 € =	175.000 €
- Ist-Kosten	165.000 €
= Überdeckung	10.000 €

c) Der Betrieb hat bei unveränderten Fixkosten 5.000 Stück mehr gefertigt. Für die zusätzlich gefertigten Einheiten sind lediglich die variablen Kosten zusätzlich angefallen.

LÖSUNG

Aufgabe 2: Begrenzte Aussagekraft der starren Plankostenrechnung

Die starre Plankostenrechnung berücksichtigt bei der Ermittlung der Abweichung zwischen Ist- und Sollkosten nicht das Kostenverhalten bei einer Änderung des Beschäftigungsgrades. Die fixen Kosten sind auf den Betrieb bezogen unveränderlich, auf die gefertigte Einheit bezogen jedoch veränderlich. Die variablen Kosten dagegen fallen oder steigen auf den Betrieb bezogen mit der Anzahl der gefertigten Einheiten, während sie auf die gefertigte Einheit bezogen unveränderlich sind.

LÖSUNG

Aufgabe 3: Unterscheidung von Beschäftigungs- und Verbrauchsabweichung

Die **Beschäftigungsabweichung** ist die Differenz zwischen verrechneten Plankosten und Sollkosten. Es handelt sich um eine kalkulatorische Abweichung, die der Kostenstellenleiter nicht zu verantworten hat, da er keinen Einfluss auf den Beschäftigungsgrad seiner Kostenstelle hat.

Die **Verbrauchsabweichung** ist die Abweichung zwischen Sollkosten und Istkosten. Übersteigen die Istkosten die Sollkosten, kann eine unwirtschaftliche Arbeitsweise die Ursache sein. Zunächst muss festgestellt werden, bei welchen Kostenarten die Abweichungen liegen. Für Abweichungen bei den primären Kostenarten wird in der Regel der Kostenstellenleiter verantwortlich sein, da er den Verbrauch beeinflussen kann. Für Abweichungen bei den sekundären Kostenarten (Kostenstellenumlage) ist der Kostenstellenleiter in der Regel nicht verantwortlich.

LÖSUNG

Aufgabe 4: Heraushalten von Preisschwankungen aus der Kostenkontrolle

Durch den Ansatz von Verrechnungspreisen werden Preisschwankungen aus der Kostenkontrolle herausgehalten.

LÖSUNG

Aufgabe 5: Abweichungsanalyse und Ermittlung des Fixkostenanteils an den Gesamtkosten der Istbeschäftigung

a) Abweichungsanalyse

Beschäftigungsabweichung:

variable Kosten	36.000 €	= 60 %
fixe Kosten	24.000 €	= 40 %
gesamte Kosten	60.000 €	= 100 %

100 % Planbeschäftigung − 20 % Unterschreitung = 80 % Istbeschäftigung

80 % der Planbeschäftigung von 4.000 Einheiten = 3.200 Einheiten

$$\text{Sollkosten} = \frac{36.000 \, € \times 3.200 \text{ Einheiten}}{4.000 \text{ Einheiten}} + 24.000 \, € = 52.800 \, €$$

$$\text{Kalkulierte Plankosten} = \frac{60.000 \times 3.200}{4.000} = 48.000 \, €$$

Beschäftigungsabweichung = 52.800 − 48.000 = − 4.800 €

Verbrauchsabweichung:

Sollkosten	52.800 €
− Istkosten	52.000 €
= Abweichung	+ 800 €

Gesamtabweichung:

Verrechnete Plankosten	48.000 €
− Istkosten	52.000 €
= Gesamtabweichung	− 4.000 €

b) Fixkostenanteil der Istbeschäftigung

$$\frac{24.000 \, € \text{ fixe Kosten} \times 100}{52.800 \, € \text{ Sollkosten}} = 45,45 \, \%$$

LÖSUNG

Aufgabe 6:   Rechnung mit einem Variator

a) Ermittlung des Variators

$$\text{Variator} = \frac{\text{proportionale Kosten}}{\text{Plankosten}} \times 10 = \frac{9.000}{30.000} \times 10 = 3$$

b) Definition des Begriffs „Variator"

Der Variator drück das Verhältnis der fixen zu den variablen Kosten aus. Er gibt an, um wie viel Prozent sich die vorzugebenden Kosten verändern, wenn sich der Beschäftigungsgrad um 10 % verändert.

LÖSUNG

Aufgabe 7:   Plankostenrechnung

a) Ermittlung der Planbeschöftigung:

	Sollkosten	36.000 €
–	geplante Fixkosten	24.000 €
=	variable Sollkosten	12.000 €

$$\frac{30.000 \,€ \text{ verrechnete Plankosten}}{1.500 \text{ Std. Istbeschäftigung}} = 20 \,€/\text{Std. Plankostenverrechnungssatz}$$

$$\frac{12.000 \,€ \text{ variable Sollkosten}}{1.500 \text{ Std. Istbeschäftigung}} = 8 \,€/\text{Std. variable Plankostenverrechnungssatz}$$

	Plankostenverrechnungssatz	20 €
–	variabler Plankostenverrechnungssatz	8 €
=	fixer Plankostenverrechnungssatz	12 €

Stellt man die Gleichung
Fixe Plankosten = Planbeschäftigung x fixer Plankostenverrechnungssatz
um, dann erhält man:

$$\frac{24.000 \,€ \text{ geplante Fixkosten}}{\text{fixer Plankostenverrechnungssatz 12 €}} = 2.000 \text{ Std. Plangeschäftigung}$$

Die Planbeschäftigung beträgt 2.000 Std.

b) Ermittlung der Sollkosten bei Planbeschäftigung:

Die Plankosten sind die Sollkosten bei Planbeschäftigung:
Plankosten = Planbeschäftigung x Plankostenverrechnungssatz
Plankosten = 2.000 x 20 = 40.000 €

oder:

Plankosten =
fixe Plankosten + (Planbeschäftigung x variabler Plankostenverrechnungssatz)
Plankosten = 24.000 € + (2.000 Std. x 8 € Std.) = 40.000 €

Die Sollkosten der Planbeschäftigung belaufen sich auf 40.000 €.

c) Ermittlung der Verbrauchsabweichung:

	Istkosten	39.000 €
−	Sollkosten = 24.000 € + 1.600 Std. x 8 € Std. =	36.800 €
=	Verbrauchsabweichung	2.000 €

d) Ermittlung der Beschäftigungsabweichung:

Beschäftigungsabweichung
= (Planbeschäftigung − Istbeschäftigung) × fixer Plankostenverrechnungssatz
= (2.000 Std. − 1.720 Std.) × 12 €/Std. =   3.360 €

LÖSUNG

Aufgabe 8: Ermittlung und Begründung von Abweichungen bei flexibler Plankostenrechnung

a) Abweichung der Istbeschäftigung von der Planbeschäftigung

$$\frac{462 \text{ Std.} \times 100}{440 \text{ Std.}} = 105\,\%$$

Die Istbeschäftigung liegt 5 % über der Planbeschäftigung.

b) Gründe für die Beschäftigungsabweichung könnten sein: Umsatzsteigerungen aufgrund einer verbesserten Konjunktur, Einführung eines neuen Produkts, vorsichtige Planung der Istbeschäftigung.

c) Ermittlung der Abweichungen:

Gesamtkosten bei 500 Arbeitsstunden	100.000 €	100 %
− fixe Kosten gesamt	55.000 €	55 %
= variable Kosten bei 500 Arbeitsstunden	45.000 €	45 %

$$\frac{45.000 \text{ € } \times 462 \text{ Std.}}{500 \text{ Std.}} + 55.000 = 96.580 \text{ € Gesamtkosten Soll bei 462 Std.}$$

$$\frac{45.000 \text{ € } \times 440 \text{ Std.}}{500 \text{ Std.}} + 55.000 = 94.600 \text{ € Gesamtkosten Soll bei 440 Std.}$$

$$\text{Plankostenverrechnungssatz} = \frac{94.600 \text{ € Gesamtkosten}}{440 \text{ Std.}} = 215 \text{ €}$$

Verrechnete Plankosten bei 462 Std. = 462 Std. × 215 € = 99.330 €

Beschäftigungsabweichung:	Verrechnete Plankosten	99.330 €

	– Sollkosten	96.580 €
		+ 2.750 €
Verbrauchsabweichung:	Sollkosten	96.580 €
	– Istkosten	98.000 €
		– 1.420 €
Gesamtabweichung:	Beschäftigungsabweichung	2.750 €
	+ Verbrauchsabweichung	– 1.420 €
		1.330 €
	Verrechnete Plankosten	99.330 €
	– Istkosten	98.000 €
		1.330 €

d) Die **Beschäftigungsabweichung** ergibt sich aus der größeren Ausbringungsmenge bei unverändertem Fixkostenblock.

Die **Verbrauchsabweichung** könnte ihre Ursache in der höheren Auslastung gegenüber der geplanten Auslastung haben. Möglicherweise sind mehr Wartungsarbeiten durch die höhere Beanspruchung der Maschinen sowie für Überstunden- und Schichtzuschläge angefallen.

LÖSUNG

Aufgabe 9: Umfassende Aufgabe zur flexiblen Plankostenrechnung auf Vollkostenbasis

a) Ermittlung der Plankostenverrechnungssätze:

Planbeschäftigung: 1.920 Std./Monat bzw. 9.600 Einheiten/Monat

$$\text{Plankosten für Fertigungsmaterial} = \frac{24.000 \,€ \times 9.600 \text{ Einheiten}}{8.000 \text{ Einheiten}} = 28.800 \,€$$

$$\text{Plankosten je Einheit} = \frac{28.800 \,€}{9.600 \text{ Einheiten}} = 3 \,€$$

fixe Plankosten der Fräserei = 18.000 € (lt. Aufgabenstellung)

$$\text{variable Plankosten der Fräserei} = \frac{32.000 \,€ \times 1.920 \text{ Std.}}{1.600 \text{ Std.}} = 38.400 \,€$$

fixe Plankosten	18.000 €
+ variable Plankosten	38.400 €
	56.400 €

$$\text{Plankostenverrechnungssatz} = \frac{56.400 \text{ € Plankosten}}{1.920 \text{ Std./Monat}} = 29,375 \text{ €}$$

Bei einer Bearbeitungszeit von 12 Minuten werden in 1 Stunde
60 Min. : 12 Min. = 5 Einheiten gefertigt.

$$\text{In 1 Std. werden 5 Einheiten gefertigt} = \frac{29,375 \text{ €}}{5 \text{ Einheiten}} = 5,875 \text{ €/Einheit}$$

b) Plankalkulation (Selbstkosten je Einheit)

Fertigungsmaterial	3,00 €	
+ 10 % Materialgemeinkosten	0,30 €	
= Planmaterialkosten		3,30 €
Planfertigungskosten Fräserei	5,875 €	
+ Planfertigungskosten Dreherei	8,200 €	
+ Planfertigungskosten Montage	2,625 €	
= Planfertigungskosten		16,70 €
Planherstellkosten		20,00 €
+ 15 % Verwaltungsgemeinkosten		3,00 €
+ 12 % Vertriebsgemeinkosten		2,40 €
= Planselbstkosten		25,40 €

c) Ermittlung der Sollkosten

Im Abrechnungsmonat sind in der Schlosserei 8.400 Einheiten gefertigt worden.

$$\text{Sollkosten} = \frac{\text{Variable Plankosten} \times \text{Istbeschäftigung}}{\text{Planbeschäftigung}} + \text{Fixkostenblock}$$

$$\text{Sollkosten} = \frac{38.400 \times 8.400}{9.600} + 18.000 = 33.600 + 18.000 = 51.600 \text{ €}$$

d) Ermittlung der Abweichungen:

Ermittlung der Beschäftigungsabweichung

$$\text{Istbeschäftigung \%} = \frac{\text{Istbeschäftigung} \times 100}{\text{Planbeschäftigung}} = \frac{8.400 \times 100}{9.600} = 87,5 \text{ \%}$$

Kalkulierte Plankosten bei	8.400 Einheiten × 5,875 € (Fräserei)	= 49.350 €
− Sollkosten		51.600 €
= Beschäftigungsabweichung		− 2.250 €

Probe: 87,5 % von 18.000 € Fixkosten =	15.750 €
	− 18.000 €
	− 2.250 €

Ermittlung der Verbrauchsabweichung

Sollkosten lt. obiger Rechnung	51.600 €
− Istkosten lt. Aufgabenstellung	52.000 €
= Verbrauchsabweichung	− 400 €

Ermittlung der Gesamtabweichung

Sollkosten lt. obiger Rechnung	− 2.250 €
− Istkosten lt. Aufgabenstellung	− 400 €
= Verbrauchsabweichung	− 2.650 €

Gegenüberstellung der Kosten

Kalkulierte Plankosten	49.350 €
− Istkosten	52.000 €
= Gesamtabweichung	− 2.650 €

LÖSUNG

Aufgabe 10:   Grenzplankostenrechnung

a) Plankostenverrechnungssätze

Kapazitätsplanung:

$$320.000$$
$$- \underline{160.000}$$
$$= 160.000 : 3.200 = 50 €$$

Engpassplanung:

$$280.000$$
$$- \underline{160.000}$$
$$= 120.000 : 2.400 = 50 €$$

b) Verrechnete Plankosten
Kapazitäts- und Engpassplanung:

$$50 € \times 2.240 = 112.000 €$$

c) Verbrauchsabweichungen

$$278.000 € \text{ Istkosten gesamt}$$
$$- 160.000 € \text{ Fixkosten}$$
$$= 118.000 € \text{ variable Kosten}$$

Kapazitäts- und Engpassplanung:

$$118.000 - 112.000 = 6.000 €$$

d) Nutzkosten
Kapazitäts- und Engpassplanung:

$$160.000 \times 70 \% = 112.000 €$$

e) Leerkosten
Kapazitäts- und Engpassplanung:

$$160.000 - 112.000 = 48.000 €$$

IX. Rechnen mit Maschinenstundensätzen

LÖSUNG

Aufgabe 1: Errechnung der Maschinenstundensätze bei unterschiedlichen Laufzeiten

	Std.	variable Kosten €	fixe Kosten €	gesamte Kosten €	Maschinen-Std.-Satz
	130	3.510,00	11.310,00	14.820,00	114,00
a)	150	4.050,00	11.310,00	15.360,00	102,40
b)	100	2.700,00	11.310,00	14.010,00	140,10

variable Kosten a) 150 × 3.510,00 : 130 = 4.050,00
Maschinen-Std.-Satz a) 14.820 : 130 = 114,00

LÖSUNG

Aufgabe 2: Auswirkung der Maschinenlaufzeit auf den Maschinenstundensatz

a) Bei einer Erhöhung der Maschinenlaufzeit sinkt der Maschinenstundensatz.

b) Bei einer Verminderung der Maschinenlaufzeit steigt der Maschinenstundensatz.

LÖSUNG

Aufgabe 3: Errechnung des Maschinenstundensatzes bei Einschichtbetrieb

a) Errechnung des Maschinenstundensatzes

	gesamt €	fix €	variabel €
Werkzeugkosten	8.400		8.400
Energie	10.800	600	10.200
Wartung und Instandhaltung	9.000	360	8.640
Kalkulatorische Abschreibung	100.000	100.000	
Kalkulatorische Zinsen	32.000	32.000	
Kalkulatorische Miete	1.800	1.800	
Summen	162.000	134.760	27.240

Kalkulatorische Abschreibung = 1.000.000 € : 10 Jahre = 100.000 €
Kalkulatorische Zinsen = 8 % von 800.000 € : 2 = 32.000 €

fixe Kosten	134.760 : 1.800 =	74,87 €
+ variable Kosten	27.240 : 1.800 =	15,13 €
= Maschinenstundensatz	=	90,00 €

b) Die kalkulatorische Abschreibung sollte zeitabhängig verrechnet werden, wenn die Maschine nach einer bestimmten Zeit nicht mehr wirtschaftlich einsetzbar ist, weil sie beispielsweise mit moderneren Maschinen nicht mehr konkurrieren kann, z. B. bei Energieverbrauch, Bedienung, gefertigter Stückzahl pro Stunde usw. oder wenn das mit der Maschine gefertigte Produkt trendabhängig ist. Die Abschreibung sollte nach Leistungseinheiten erfolgen, wenn von Anfang an zumindest annähernd bekannt ist, wie viele Leistungseinheiten auf der Maschine gefertigt werden.

Die leistungsabhängige Verrechnung ist dann vorzuziehen, wenn die Maschine überwiegend durch den Einsatz verschlissen wird oder wenn von vornherein nur eine bestimmte Anzahl Leistungseinheiten für die Maschine vorgesehen ist.

LÖSUNG

Aufgabe 4:   Errechnung des Maschinenstundensatzes bei Mehrschichtbetrieb

Ermittlung der Maschinenlaufzeit

52 Wochen à 38 Arbeitsstunden		1.976,0 Std.
Ausfall wegen Krankheit	60,0 Std.	
12 Feiertage à 7,6 Std.	91,2 Std.	
Ausfall wegen Urlaub	190,0 Std.	
Maschinenpflege (Wartung)	104,0 Std.	
Generalüberholung	30,8 Std.	− 476,0 Std.
Geplante Laufzeit jährlich		1.500,0 Std.
Geplante Laufzeit monatlich im Durchschnitt		125,0 Std.

7,6 Stunden	= 38 Std. : 5 Wochentage = 7,6 Std. je Tag
Wartung	= 2 Std. wöchentl. × 52 Wochen = 104 Std.
Wartungskosten	= 6.000 € jährl. : 12 = 500 € monatlich
Energie	= 30 × 0,20 € × 125 Std. = 750 €
Kalkulatorische Miete	= 30 qm × 5 € = 150 €
Kalkulatorische Abschreibung	= 360.000 € : 10 Jahre : 12 Mon. = 3.000 €
Kalkulatorische Zinsen	= 315.000 € : 2 × 8 % : 12 = 1.050 €

Ermittlung der monatlichen maschinenabhängigen Kosten:

Kostenart	gesamt €	fix €	variabel €
Werkzeugkosten	300		300
Energie	830	80	750
Wartung und Instandhaltung	500		500
Kalkulatorische Abschreibung	3.000	3.000	
Kalkulatorische Zinsen	1.050	1.050	
Miete	150	150	
gesamt	5.830	4.280	1.550

a) Einschichtbetrieb zu Vollkosten: 5.830 € : 125 Std. =   46,64 €
b) Einschichtbetrieb zu Teilkosten: 1.550 € : 125 Std. =   12,40 €
c) Zweischichtbetrieb zu Vollkosten: 4.280 €
                                            1.550 €
                                            1.550 €
                                            ─────────
                                            7.380 € : 250 Std. =   29,52 €

d) Zweischichtbetrieb zu Teilkosten: 1.550 €
                                            1.550 €
                                            ─────────
                                            3.100 € : 250 Std. =   12,40 €

    oder vereinfacht: 1550 € : 125 Std. =   12,40 €

X. Prozesskostenrechnung

LÖSUNG

Aufgabe 1:   Der Begriff „Prozess" in der Kostenrechnung

a) Prozesse sind miteinander verkettete Aktivitäten, die in den verschiedenen Funktionen eines Unternehmens bei der Ausführung von Tätigkeiten anfallen. Prozesskostenrechnung und Qualitätsmanagement beschränken sich i. d. R. aus Gründen der Praktikabilität und der Wirtschaftlichkeit auf die Untersuchung der repetitiven Tätigkeiten, die gleichzeitig einen vergleichsweise geringen Entscheidungsspielraum ausweisen.

b) Die Prozesse sind gekennzeichnet durch:

▶ die Leistungsarten (Leistungsoutput)

▶ den Kundennutzen (Qualitätsmerkmale)

▶ die Ressourceninanspruchnahme bewertet in Kosten

▶ die Kosteneinflussfaktoren (Cost Driver)

▶ die Durchlauf- bzw. Bearbeitungszeiten (z. B. nach Std. oder Mannjahren)

LÖSUNG

Aufgabe 2:   Arbeitsschritte bei Einführung der Prozesskostenrechnung

Die wichtigsten Arbeitsschritte der Prozesskostenrechnung sind:

1. Vorbereitung

▶ Definition der Ziele

▶ Festlegung der Analysebereiche

▶ Voranalyse zu den Cost-Drivern

2. Ansatzpunkte Kostenstelle

▶ Tätigkeiten analysieren und Teilprozesse identifizieren

▶ Teilprozesse einteilen nach leistungsmengeninduzierten und leistungsmengenneutralen

▶ Maßgrößen je Teilprozess festlegen

▶ Mengen der Teilprozesse für eine Zeiteinheit bestimmen

▶ Zeitbedarf je Teilprozess bestimmen

▶ Kapazität der Kostenstelle in Mannjahren bestimmen

▶ Normal-, Soll- oder Plankosten der Kostenstelle bestimmen

3. Zuordnung der Teilprozesse zu Hauptprozessen

▶ Teilprozesse kostenstellenübergreifend zu Hauptprozessen zusammenfassen

▶ Gemeinsame Maßgröße ermitteln: Maßgröße des Hauptprozesses muss in fester Relation zur Maßgröße der zugehörigen Teilprozesse stehen

► Bestimmung der Menge der Hauptprozesse

► Auf der Grundlage der Teilprozesse den Hauptprozesskostensatz ermitteln

4. Ansatzpunkt Produkt

► Die Hauptprozesse je Produkt zusammenstellen

► Kalkulation des Produkts

Aufgabe 3:   Berichterstattung zur Prozesskostenrechnung

Die Berichterstattung sollte die folgenden Fragen beantworten:

► Wie hoch sind die Gesamtkosten der Geschäftsprozesse?

► Was kostet die Ausführung eines Prozesses?

► Welche Ressourcen verursachen die Kosten?

► Entspricht der Ressourcenverbrauch der Planung?

► Wie ist die Auslastung und die Effizienz der Ressourcen?

► Welche Ergebnisse hat ein Benchmarking gebracht?

► Wie ist die Prozesseffizienz im Unternehmen?

► Wo ist Optimierungspotenzial vorhanden?

► Lohnt sich ein Outsourcing bestimmter Prozesse?

Aufgabe 4:   Begriffe der Prozesskostenrechnung

a) Ein **Hauptprozess** setzt sich aus verschiedenen zusammenhängenden Teilprozessen zusammen und entspricht deshalb i. d. R. dem Aufgabenbereich einer Kostenstelle oder Abteilung, hier der Materialbeschaffung.

b) **Cost Driver** oder **Kostentreiber** sind die Haupteinflussgrößen für die Entstehung der Kosten. Sie sind die Bezugsgrößen für die Haupt- bzw. Teilprozesse, anhand derer die verursachungsgerechte Zurechnung von Gemeinkosten auf Kostenträger möglich wird.

c)

Teilprozess	Cost Driver
Angebote einholen	Anzahl Angebote
Bestellungen ausführen	Anzahl Bestellungen
Material annehmen	Anzahl Lieferungen
Stammdaten pflegen	Anzahl Lieferanten und Anzahl Materialnummern
Abteilung leiten	kein Cost Driver

d) Bei **leistungsmengenabhängigen** Teilprozessen verlaufen die Kosten proportional zu der Anzahl des Cost Drivers (analog der variablen Kosten in der Teilkostenrechnung).

Bei **leistungsmengenneutralen** Teilprozessen (z. B. Abteilung leiten) fallen die Kosten unabhängig von der Leistungsmenge an (analog der fixen Kosten in der Teilkostenrechnung).

LÖSUNG

Aufgabe 5:   Merkmale der Prozesskostenrechnung

Die Prozesskostenrechnung vermeidet Kostenverteilungen, Kostenumlagen und pauschale Zuschlagssätze. Sie geht davon aus, dass Kosten für die Bereitstellung von Kapazitäten und die Nutzung von Ressourcen anfallen. Deshalb ist eine genaue Erfassung der Kosten nach Faktoren und proportional zum Volumen der Prozesse erforderlich.

Bei der Prozesskostenrechnung handelt es sich um ein geschlossenes Konzept, das auf entsprechenden Kostensatzermittlungen, Kostenverrechnungen und Kostenkalkulationen beruht. Der Prozesskostenrechnung liegt ein ganzheitlicher Ansatz zu Grunde.

Neben den kostenstellenspezifischen Teilprozessen kennt die Prozesskostenrechnung kostenstellenübergreifende Hauptprozesse, wie die durchgängige Abwicklung von Kunden-, Fertigungs- und Bestellaufträgen, mehrgliedrige logistische Vorgänge usw.

Durch Unterscheidung von Wert schöpfenden und nicht Wert schöpfenden Prozessen dient sie der Steuerung der Ressourcennutzung. Dadurch werden Ansatzpunkte für Rationalisierungsmaßnahmen offen gelegt. Die Prozesskostenrechnung deckt also Verlustquellen auf. Sie deckt die Einflussgrößen für den Kostenanfall, die Kostentreiber auf.

Die Prozesskostenrechnung begreift Kostenstellen als Leistungsstellen.

LÖSUNG

Aufgabe 6:   Ermittlung der Teilprozesskostensätze

TP	Prozessgröße (Cost Driver)	Menge	Kosten €	Prozesskosten-satz (= 4 : 3) €	Prozesskostensatz einschl. lmn €
1	2	3	4	5	6
TP1	Anforderungen	25.000	100.000,00	4,00	5,00
TP2	Bestellungen	12.000	120.000,00	10,00	12,50
TP3	Bestellungen	12.000	300.000,00	25,00	31,25
TP4	Lieferungen	16.000	80.000,00	5,00	6,25
			600.000,00		
TP5	leistungsmengenneutral		150.000,00		

Spalte 3: s. Aufgabenstellung

Spalte 4: s. Aufgabenstellung

Spalte 5 = Spalte 4 : Spalte 3

Spalte 6 = Spalte 5 + 25 %

Der Umlagesatz für die leistungsmengenneutralen Kosten beträgt

600.000 € : 150.000 € = 25 %

Der Teilprozesskostensatz für den TP1 Anforderungen beträgt dann

4 € + 25 % = 5 €

LÖSUNG

Aufgabe 7: Ermittlung der Teilprozesskostensätze unter Berücksichtigung des Mitarbeiterbedarfs

Ermittlung der Teilprozesskostensätze für KSt. 4711 Qualitätsmanagement								
Teilprozesse	Cost-Driver		Mitarbeiter-bedarf		Teilprozesskosten €		Teilprozesskosten-satz €	
Bezeichnung	Art	Menge	MJ	lmi	lmn	gesamt	lmi	gesamt
1	2	3	4	5	6	7	8	9
Prüfpläne ändern	Produktände-rungen	200	0,5	80.000	20.000	100.000	400,00	500,00
Produktqualität prüfen	gefertigte Stückzahl	200.000	2,5	400.000	100.000	500.000	2,00	2,50
Dokumentation fortschreiben	Verfahrens-anweisungen	200	1,0	160.000	40.000	200.000	800,00	1.000,00
Teilnahme an Qualitätszirkeln			0,5		− 80.000			
Abteilung leiten			0,5		− 80.000			
Gesamt			5,0	640.000	160.000	800.000		

Ermittlung der Werte in den Spalten 5 bis 9

Spalte	
5	800.000 € : 5 Mitarbeiter × 0,5 MJ = 80.000 € 800.000 € : 5 Mitarbeiter × 2,5 MJ = 400.000 € 800.000 € : 5 Mitarbeiter × 1,0 MJ = 160.000 €

6	Teilnahme an QM-Zirkeln 800.000 € : 5 × 0,5 = 80.000 €
	Abteilung leiten 800.000 € : 5 × 0,5 = 80.000 €
	                                                            − 160.000 €
	160.000 € sind auf 0,5 + 2,5 + 1,0 = 4 MJ zu verteilen:
	Prüfpläne ändern 160.000 € : 4 × 0,5 = 20.000 €
	Produktqualität prüfen 160.000 € : 4 × 2,5 = 100.000 €
	Dokumentation pflegen 160.000 € : 4 × 1,0 = 40.000 €
	                                                            + 160.000 €

7	Summen der lmi- und der lmn-Beträge aus Spalten 5 und 6

8	Teilprozesskostensatz lmi = Spalte 5 : Spalte 3
	80.000 : 200 = 400 €
	400.000 : 200.000 = 2 €
	160.000 : 200 = 800 €
9	Teilprozesskostensatz gesamt = Spalte 7 : Spalte 3
	100.000 : 200 = 500,00 €
	500.000 : 200.000 = 2,50 €
	200.000 : 200 = 1.000,00 €

XI. Zielkostenrechnung

Aufgabe 1:　Die drei Schritte der Zielkostenrechnung

Das Verfahren der Zielkostenrechnung läuft in der Regel in drei Schritten ab:

1. Zielkostenermittlung: Ausgehend von dem am Markt möglichen Preis werden über eine sog. Erlös-Minus-Kalkulation die Zielkosten ermittelt (Zielpreis/target price – Zielgewinn/target profit = Zielkosten/allowable costs)

2. Zielkostenspaltung: Die Zielkosten werden schrittweise auf die einzelnen Komponenten oder Bauteile und die Funktionen der Produkte aufgespalten. Die Notwendigkeit (Kundenwert) einzelner Funktionen des Produkts wird geprüft und Kosten werden angepasst.

3. Zielkostenrealisierung: Nach ausführlichen Wertanalysen hinsichtlich der einzusetzenden Materialien (z. B. Plastik statt Aluminium) und der erforderlichen Arbeitsgänge werden die Zielkosten je Komponente oder Baugruppe bestimmt.

Aufgabe 2:　Ermittlung des Kundennutzens, des Zielkostenindexes und der Einsparungsmöglichkeiten

a) Beitrag der Komponenten zum Gesamtkundennutzen

Komponente 1	F1	$20 \times 30 / 100 =$	6,00 %
	F2	$40 \times 25 / 100 =$	10,00 %
	F3	$35 \times 25 / 100 =$	8,75 %
	F4	$30 \times 20 / 100 =$	6,00 %
			30,75 %

Komponente 2	F1	$25 \times 30 / 100 =$	7,50 %
	F2	$15 \times 25 / 100 =$	3,75 %
	F3	$10 \times 25 / 100 =$	2,50 %
	F4	$20 \times 20 / 100 =$	4,00 %
			17,75 %

Komponente 3	F1	$25 \times 30 / 100 =$	7,50 %
	F2	$15 \times 25 / 100 =$	3,75 %
	F3	$10 \times 25 / 100 =$	2,50 %
	F4	$20 \times 20 / 100 =$	4,00 %
			17,75 %

Komponente 4	F1	20 × 30 / 100 =	6,00 %
	F2	20 × 25 / 100 =	5,00 %
	F3	20 × 25 / 100 =	5,00 %
	F4	15 × 20 / 100 =	3,00 %
			19,00 %

Komponente 5	F1	10 × 30 / 100 =	3,00 %
	F2	10 × 25 / 100 =	2,50 %
	F3	25 × 25 / 100 =	6,25 %
	F4	15 × 20 / 100 =	3,00 %
			14,75 %

Daraus ergibt sich:

Komponente	F1	F2	F3	F4	Summe
K1	6,00	10,00	8,75	6,00	30,75
K2	7,50	3,75	2,50	4,00	17,75
K3	7,50	3,75	2,50	4,00	17,75
K4	6,00	5,00	5,00	3,00	19,00
K5	3,00	2,50	6,25	3,00	14,75
Summe	30,00	25,00	25,00	20,00	100,00

b) Ermittlung des Zielkostenindex und Interpretation

Komponente	Kundennutzen	Kostenanteil der Komponenten[1]	Zielkostenindex[2]
K1	30,75 %	40 %	0,77
K2	17,75 %	20 %	0,89
K3	17,75 %	15 %	1,18
K4	19,00 %	15 %	1,27
K5	14,75 %	10 %	1,48
	100,00 %	100 %	

[1] Kostenanteil der Komponenten aus der Aufgabenstellung

[2] Kundennutzen : Kostenanteil = Zielkostenindex

Für K1 = 30,75 : 40 % = 0,77

Bei den Komponenten, bei denen der Zielkostenindex < 1 ist, sind die Kosten in Relation zum Kundennutzen zu hoch. Hier können Einsparungen erfolgen.

Bei den Komponenten, bei denen der Zielkostenindex > 1 ist, ist der Kundennutzen der Komponente größer als der Kostenanteil. Hier dürfen die Kosten steigen, wenn dies zu Verbesserungen führt. Andererseits kann diese Reserve aufgerechnet werden gegen zu hohe, aber nicht reduzierbare Kosten bei anderen Komponenten.

c) Ermittlung der Einsparungsmöglichkeiten

Wegen der vorläufigen Selbstkosten von 600 € (s. Aufgabe) und der Zielkosten von 500 € (s. Aufgabe) auf der Grundlage der Marktanalyse müssen 100 € eingespart werden. Im Rahmen der Zielkostenspaltung wird die Differenz auf die Komponenten verrechnet:

Komponente	vorläufige Selbstkosten €	Kundennutzen %	Zielkosten €	Über- bzw. Unterdeckung %
1	2	3	4	5
K1	240,00	30,75	153,75	– 86,25
K2	120,00	17,75	88,75	– 31,25
K3	90,00	17,75	88,75	– 1,25
K4	90,00	19,00	95,00	+ 5,00
K5	60,00	14,75	73,75	+ 13,75
Summe	600,00	100,00	500,00	– 100,00

Spalte 2: Verteilung aufgrund der Kostenanteile der Komponenten lt. Angaben aus der Plankostenrechnung, z. B. K1 40 % von 600,00 € = 240,00 €

Spalte 3: siehe Summenspalte (= rechte Spalte) unter Lösung zu a) Daraus ergibt sich:

Spalte 4: Ermittlung der Zielkosten für K1 = 30,75 % × 500 € : 100 = 153,75 €

Spalte 5: Ermittlung der Abweichung für K1 = 240,00 € – 153,75 € = 86,25 €

Die Berechnung der Über- und Unterdeckungen zeigt, dass bei den Komponenten K 1 und K2 erhebliche Kosteneinsparungspotenziale vorliegen.

Bei den Komponenten K4 und K5 liegen die vorläufig geplanten Kosten unter den Zielkosten. Bei diesen Komponenten dürfen Verbesserungen vorgenommen werden, die aber die Kosten von 5,00 € bzw. 13,75 € nicht überschreiten dürfen.

LÖSUNG

Aufgabe 3:   Nutzung von Kostensenkungspotenzialen

Grundsätzlich sollten bei der Anpassung der vorläufigen Selbstkosten an die Zielkosten vier Kostensenkungspotenziale durchgespielt werden:

▶ **Beschaffungsbezogene Kostensenkungspotenziale**, z. B. Preisverhandlungen und Lieferantenwechsel

▶ **Produktbezogene Kostensenkungspotenziale**, z. B. Einsparungen beim Funktionsumfang und bei der Komplexität des Produkts

▶ **Kostenstellenbezogene Kostensenkungspotenziale**, wie Rationalisierungsmaßnahmen und Anpassung der Kapazitäten an die aktuelle Beschäftigung

▶ **Ablaufbezogene Kostensenkungspotenziale**, wie Erhöhung der Flexibilität der Fertigung und Optimierung der Reihenfolge der Arbeiten

Aufgabe 4: Zielkostenmanagement, Qualitätsmanagement und Zeitmanagement als Magisches betriebliches Dreieck

a) Grafische Darstellung des „Magischen betrieblichen Dreiecks"

b) Definition der drei Säulen

▶ Aufgabe des **Zielkostenmanagements** (target costing management) ist die aktive Steuerung des Kostenanfalls. Dazu gehören die Ermittlung des am Markt durchsetzbaren Preises und die ständige Kostenreduzierung bei permanenter Prüfung der Kostenpotenziale. Die Kostenplanung läuft Hand in Hand mit der Produktplanung. Mit der Kostenreduzierung unter Berücksichtigung der vom Kunden definierten Funktionsmerkmale und der erlaubten Kosten erstreckt sich das Zielkostenmanagement über die gesamte Lebensdauer des Produkts.

▶ Das **Qualitätsmanagement** (total quality management, TQM) setzt ebenfalls bereits bei der Produktplanung ein und prüft dann ständig, ob die Qualität den Anforderungen der externen und auch der internen Kunden entspricht. TQM ist eine Führungsphilosphie, die Qualität im umfassenden Sinn als Erfolgsfaktor sieht. Dabei ist nicht allein eine Abteilung „Qualitätsmanagement", sondern jede Führungskraft und ihr Team für die Qualität der ausgeführten Arbeiten verantwortlich.

▶ Beim **Zeitmanagement** (time-based management) handelt es sich ebenfalls um eine Führungsphilosophie, die dieses Mal die Zeit als kritischen Erfolgsfaktor sieht. Ziele sind beispielsweise:

1) die Verkürzung der Durchlaufzeiten,

2) schnelle Zugriffe,

3) rechtzeitige Markteinführung und

4) pünktliche Lieferungen.

c) In Anlehnung an das Magische Viereck (Preisstabilität, angemessenes Wirtschaftswachstum, Vollbeschäftigung und außenwirtschaftliches Gleichgewicht) liest man in der Fachliteratur zum target costing immer wieder den Begriff „magisches Dreieck", weil die Abhängigkeit der drei Managementebenen (oder Säulen) untereinander die gleichzeitige Durchsetzung schwierig macht. Ist die Qualität dem Kunden angemessen, so ist es oft schwierig, gleichzeitig kostengünstig zu produzieren und die rechtzeitige Fertigstellung zu garantieren.

XII. Ordnungsmäßigkeit der Kostenrechnung

LÖSUNGEN

Aufgabe 1: Zusammenfassung der Grundsätze in 8 Aussagen

Die Kostenrechnung muss

► einen Überblick über den Kostenanfall nach Kostenarten, Kostenstellen und Kostenträgern gewährleisten,

► die Kosten verursachungsgerecht verrechnen,

► die Nachvollziehbarkeit der Kostenverrechnung gewährleisten,

► die Vollständigkeit der Kostenverrechnung garantieren,

► entscheidungsorientiert aufgebaut sein,

► auf die Buchhaltung und die Planungsrechnung abgestimmt sein,

► vom System her vergleichbar sein mit der Kostenrechnung der Konkurrenz,

► dem Grundsatz der Wirtschaftlichkeit entsprechen.

Aufgabe 2: Wer ist an einer ordnungsmäßigen Kostenrechnung interessiert?

An einer ordnungsmäßigen Kostenrechnung sind interessiert:

► die Mitglieder der Geschäftsleitung,

► die Bereichsleiter,

► die Kostenstellenverantwortlichen,

► vertikal oder horizontal verbundene Unternehmen,

► die Mitglieder des Betriebsrates,

► die Mitglieder eines Wirtschaftsausschusses,

► die öffentlichen Auftraggeber,

► begrenzt auch die Anteilseigner.

Aufgabe 3: Nennen Sie die Qualitätskriterien eines Kostenrechnungsverfahrens.

Qualitätskriterien eines Kostenrechnungsverfahrens sind:

► Transparenz der Kostenverrechnung einschl. der Vergleichbarkeit des Kostenanfalls,

► Genauigkeit der Kostenverrechnung,

► Wirtschaftlichkeit der Kostenverrechnung,

► Vollständigkeit der Kostenerfassung und Zurechnung,

► Aktualität

XIII. Controlling

Aufgabe 1:   Was sind Abweichungen und warum ist die Ermittlung und die Untersuchung von Abweichungen wichtig?

Abweichungen sind Differenzen zwischen Plan- bzw. Sollgrößen einerseits und Istgrößen andererseits. Die Ursachen für Abweichungen müssen untersucht werden. Der Ursachenforschung müssen Gegensteuerung, z. B. bei Verbrauchsabweichungen, oder Anpassung, z. B. der Planzahlen, folgen. Dabei ist die rechtzeitige Gegensteuerung wichtig, nicht aber eventuelle Schuldzuweisungen.

Aufgabe 2:   Erklären Sie den Begriff „beeinflussbare Kosten" (controllable costs).

Der Kostenstellenverantwortliche (Kostenstellenleiter) ist für die Höhe des Anfalls dieser Kosten verantwortlich, weil der sie beeinflussen kann. Beeinflussbar sind beispielsweise die Kosten für den Verbrauch an Hilfs- und Betriebsstoffen, für Reparaturen und ein großer Teil der Personalkosten.

Aufgabe 3:   Welches sind die Hauptaufgaben des Berichtswesens?

Das Berichtswesen informiert, wieweit die Kostenstellen und einzelne Unternehmensbereiche ihre Ziele erreicht haben, ob und wie weit sie von den Zielen abgewichen sind. Der wichtigste Vergleich ist der Plan-Ist- bzw. Soll-Ist-Vergleich.

Neben der Berichterstattung über Abweichungen gehört eine Erwartungsrechnung (forecast) zum Berichtswesen. Die Erwartungsrechnung zeigt, wie weit aus der aktuellen Sicht die Planziele bis zum Ende der Abrechnungsperiode noch erreicht werden können.

Aufgabe 4:   Nennen Sie Aufgaben des Controllers.

Zu den Aufgaben eines Controllers gehören

► Aufbau und Fortentwicklung eines entscheidungs- und verantwortungsorientierten Controlling-Systems,

► Koordination der Planungsarbeiten der einzelnen Unternehmensbereiche und die Erstellung des Gesamtplanes,

► zeitnahe Versorgung aller Verantwortlichen mit periodischen Plan-Ist-Vergleichen und Abweichungsanalysen,

► Durchsprache der Abweichungen mit den Verantwortlichen und Erarbeitung von Maßnahmen zur Gegensteuerung,

► Erstellung periodischer Forecasts,

► Beratung aller Verantwortlichen in betriebswirtschaftlichen Fragen,

► Erstellung von Investitionsrechnungen,

► Durchführung von Wettbewerbsanalysen,

► Sonderanalysen.

Aufgabe 5:　Was versteht man unter „operativem Controlling" und unter „strategischem Controlling"?

Operatives Controlling umfasst die kurz- und mittelfristige Zielbildung, Planung und Steuerung, insbesondere des Kostenanfalls, der Liquidität und des Gewinns.

Strategisches Controlling verfolgt langfristige Ziele wie Marktanteile, zukünftige Erfolgspotenziale, Cash-Flow-Entwicklung.

Aufgabe 6:　Was sind Entscheidungsrechnungen?

Entscheidungsrechnungen dienen der Vorbereitung von Management-Entscheidungen. Sie gehen auf Kosten-, Erlös- und Mengengrößen ein, die durch die zu treffenden Entscheidungen beeinflusst werden. Entscheidungsrelevant sind die Abweichungen von der Ausgangssituation.

Aufgabe 7:　Was versteht man unter „Erfolgspotenzialen"?

Erfolgspotenziale sind die Stärken eines Unternehmens, die den Erfolg am Markt wesentlich bestimmen. Der Bestimmung der Erfolgspotenziale liegen i. d. R. Marktanalysen, Kundenbefragungen sowie Branchen- und Wettbewerbsanalysen zugrunde. Das Herausfinden und Auswählen der richtigen Erfolgspotenziale hinsichtlich Aufbau, Erhaltung und Ausbau der Marktposition ist Aufgabe des strategischen Managements.

Aufgabe 8:　Welches sind die einzelnen Schritte des Rückkopplungskreislaufs bei der Unternehmensführung?

Schritt 1: Maßnahmen in Gang setzen

Schritt 2: ein Ziel setzen (Planung)

Schritt 3: Istwerte erfassen

Schritt 4: Vergleich der Istwerte mit den Zielwerten (Kontrolle)

Schritt 5: Ziel anpassen (Planung)

Schritt 6: Maßnahmen angleichen (Rückkopplung oder Feedback)

Schritt 7: Maßnahmen in Gang setzen

Schritt 8: usw.

Aufgabe 9:　Welche Aufgabe hat ein Management-Informationssystem?

Ein Mangement-Informationssystem (MIS) stellt zeitgerecht, aktuelle, entscheidungsrelevante Informationen für die jeweilige Führungsebene in grafischer, tabellarischer und Textform bereit.

Aufgabe 10:　Definieren Sie den Begriff „Strategie".

Strategie ist die Kunst oder Fertigkeit, die Art und Weise, ein Unternehmen zu führen, indem Wettbewerbsvorteile erkannt und genutzt werden. Die strategische Planung versucht beispielsweise, die Erfolgspotenziale des Unternehmens zu nutzen und auszubauen.

Aufgabe 11:   Was verstehen Sie unter einem „Time-based Management"?

Time-based Management ist eine Führungsphilosophie, die an Stelle der Kosten die Zeit als kritischen Erfolgsfaktor sieht. Durch einen effizienteren Umgang mit dem Faktor Zeit sollen die Produktionskosten gesenkt und die Qualität gesteigert werden.

Aufgabe 12:   Erklären Sie den Begriff „Total Quality Management".

Total Quality Management (TQM) ist eine Führungsphilosophie, nach der Qualität als kritischer Erfolgsfaktor auf allen Ebenen im Unternehmen zu planen, zu steuern und zu kontrollieren ist. Die Unternehmensleitung fördert das Qualitätsbewusstsein der Mitarbeiter. Abteilungsleiter und Gruppenleiter sind für die Qualität der Arbeitsausführung in ihrem Bereich verantwortlich (wie der Kostenstellenleiter für den Kostenanfall in seiner Kostenstelle verantwortlich ist). Qualität ist erreicht, wenn die Arbeitsergebnisse den Anforderungen der externen und der internen Kunden entsprechen.

Teil C: Arbeitsblätter

I. Grundlagen

Aufgabe 1

a) Erstellen der Ergebnistabelle

Abgrenzungsrechnung in der Abgrenzungstabelle						
Finanzbuchhaltung Rechnungskreis I			Betriebsbuchhaltung Rechnungskreis II			
Gewinn- und Verlustrechnung Gesamtergebnis			Abgrenzungsbereich Neutrales Ergebnis		Kosten- und Leistungsrechnung Betriebsergebnis	
Konto	Aufw. €	Erträge €	Aufw. €	Erträge €	Kosten €	Leistungen €
500 Umsatzerlöse						
520 Bestandsveränderungen						
530 aktivierte Eigenleistung						
540 Mieterträge						
546 Erträge aus Abgängen						
548 Erträge a. Herab. Rückst.						
571 Zinserträge						
600 Rohstoffaufwendungen						
602 Hilfsstoffaufwendungen						
603 Betriebsstoffaufwend.						
605 Energie						
616 Fremdinstandhaltung						
620 Löhne						
630 Gehälter						
640 Sozialaufwendungen						
652 Abschreibungen						
680 Büromaterial						
690 Versicherungsbeiträge						
700 Kostensteuern						
746 Verluste Wertpapierverk.						
751 Zinsaufwendungen						
Summen I						
Salden						
Summen II						
	Gesamtergebnis		Neutr. Ergebnis		Betriebsergebnis	

Aufgabe 2

a) Erstellen der Ergebnistabelle

Abgrenzungsrechnung in der Abgrenzungstabelle						
Finanzbuchhaltung Rechnungskreis I			Betriebsbuchhaltung Rechnungskreis II			
Gewinn- und Verlustrechnung Gesamtergebnis			Abgrenzungsbereich Neutrales Ergebnis		Kosten- und Leistungs- rechnung Betriebsergebnis	
Konto	Aufw. €	Erträge €	Aufw. €	Erträge €	Kosten €	Leistungen €
500 Umsatzerlöse						
520 Bestandsveränderungen						
540 Mieterträge						
546 Erträge aus Abgängen						
571 Zinserträge						
600 Rohstoffaufwendungen						
602 Hilfsstoffaufwendungen						
616 Fremdinstandhaltung						
620 Löhne						
630 Gehälter						
640 Sozialaufwendungen						
652 Abschreibungen						
680 Büromaterial						
682 Postgebühren						
687 Werbung						
688 Spenden						
690 Versicherungsbeiträge						
700 Kostensteuern						
751 Zinsaufwendungen						
Summen I						
Salden						
Summen II						
	Gesamtergebnis		Neutr. Ergebnis		Betriebsergebnis	

Aufgabe 3

a) Erstellen der Ergebnistabelle

Abgrenzungsrechnung in der Abgrenzungstabelle						
Finanzbuchhaltung Rechnungskreis I			Betriebsbuchhaltung Rechnungskreis II			
Gewinn- und Verlustrechnung Gesamtergebnis			Abgrenzungsbereich Neutrales Ergebnis		Kosten- und Leistungsrechnung Betriebsergebnis	
Konto	Aufw. €	Erträge €	Aufw. €	Erträge €	Kosten €	Leistungen €
500 Umsatzerlöse						
520 Bestandsveränderungen						
540 Mieterträge						
546 Erträge aus Abgängen						
571 Zinserträge						
600 Rohstoffaufwendungen						
602 Hilfsstoffaufwendungen						
616 Fremdinstandhaltung						
620 Löhne						
630 Gehälter						
640 Sozialaufwendungen						
652 Abschreibungen						
680 Büromaterial						
682 Postgebühren						
687 Werbung						
688 Spenden						
690 Versicherungsprämien						
700 Kostensteuern						
751 Zinsaufwendungen						
Summen I						
Salden						
Summen II						
	Gesamtergebnis		Neutr. Ergebnis		Betriebsergebnis	

II. Kostenartenrechnung

Aufgabe 2

Darstellung der Verrechnung in der Ergebnistabelle								
Finanz- oder Geschäftsbuchhaltung Rechnungskreis I			Betriebsbuchhaltung Rechnungskreis II					
Erfolgsbereich GuV-Rechnung			Abgrenzungsbereich Neutrales Ergebnis				Kosten- und Leistungsrechnung Betriebsergebnis	
			Unternehmensbezogene Abgrenzung		Kostenrechnerische Korrekturen			
Konto	Aufw. €	Erträge €	Aufw. €	Erträge €	Betriebliche Aufw. €	Verrechnete Kosten €	Kosten €	Leist. €
652 Abschreibungen								
Auswirkungen auf	Gesamtergebnis		Neutrales Ergebnis				Betriebsergebnis	

Aufgabe 3

c) Ergebnistabelle

Finanz- oder Geschäftsbuchhaltung Rechnungskreis I			Betriebsbuchhaltung Rechnungskreis II					
Erfolgsbereich GuV-Rechnung			Abgrenzungsbereich Neutrales Ergebnis				Kosten- und Leistungsrechnung Betriebsergebnis	
			Unternehmensbezogene Abgrenzung		Kostenrechnerische Korrekturen			
Konto	Aufw. €	Erträge €	Aufw. €	Erträge €	Betriebliche Aufw. €	Verrechnete Kosten €	Kosten €	Leist. €
751 Zinsaufwendungen								
Auswirkungen auf	Gesamtergebnis		Neutrales Ergebnis				Betriebsergebnis	

Aufgabe 4

Konto	Erfolgsbereich GuV-Rechnung		Abgrenzungsbereich Neutrales Ergebnis				Kosten- und Leistungsrechnung Betriebsergebnis	
			Unternehmensbezogene Abgrenzung		Kostenrechnerische Korrekturen			
	Aufw.	Erträge	Aufw.	Erträge	Betriebliche Aufw.	Verrechnete Kosten	Kosten	Leist.
	€	€	€	€	€	€	€	€
Kalk. Unternehmerlohn								
652 Abschreibungen								
751 Zinsaufwendungen								
Kalkulat. Wagnisse								
Summen I								
Salden								
Summen II								
Auswirkungen auf	Gesamtergebnis		Neutrales Ergebnis				Betriebsergebnis	

(Spaltenüberschriften: Finanz- oder Geschäftsbuchhaltung Rechnungskreis I | Betriebsbuchhaltung Rechnungskreis II)

ARBEITSBLATT

Aufgabe 5

Finanz- oder Geschäftsbuchhaltung Rechnungskreis I			Betriebsbuchhaltung Rechnungskreis II					
Erfolgsbereich GuV-Rechnung			Abgrenzungsbereich Neutrales Ergebnis				Kosten- und Leistungsrechnung Betriebsergebnis	
			Unternehmensbezogene Abgrenzung		Kostenrechnerische Korrekturen			
Konto	Aufw. T€	Erträge T€	Aufw. T€	Erträge T€	Betriebliche Aufw. T€	Verrechnete Kosten T€	Kosten T€	Leistungen T€
500 Umsatzerlöse		3.400						
520 Bestandsveränd.		400						
530 Akt. Eigenleistung.		100						
540 Mieterträge		80						
545 Erträge aus Aufl. WB		25						
546 Erträge aus Abgängen		30						
548 Ertr. a. Herab. Rückst.		75						
571 Zinserträge		55						
600 Rohstoffaufwendung.	800							
602 Hilfsstoffaufwend.	150							
616 Fremdinstandhaltung	50							
620 Löhne	1.000							
630 Gehälter	750							
Kalkul. Unternehmerlohn								
640 Sozialaufwendungen	350							
652 Abschreibungen	320							
680 Büromaterial	20							
690 Versicherungen	70							
696 Verluste aus Abgang	70							
700 Betriebliche Steuern	100							
751 Zinsaufwendungen	40							
Summen I	3.720	4.165						
Salden	445							
Summen II	4.165	4.165						
Auswirkungen auf	Gesamtergebnis		Neutrales Ergebnis				Betriebsergebnis	

Aufgabe 6

	Finanz- oder Geschäftsbuchhaltung Rechnungskreis I			Betriebsbuchhaltung Rechnungskreis II					
	Erfolgsbereich GuV-Rechnung			Abgrenzungsbereich Neutrales Ergebnis				Kosten- und Leistungsrechnung	
				Unternehmensbezogene Abgrenzung		Kostenrechnerische Korrekturen			
								Betriebsergebnis	
Konto	Aufw.	Erträge	Aufw.	Erträge	Betriebliche Aufw.	Verrechnete Kosten	Kosten	Leistungen	
	T€	T€	T€	T€	T€	T€	T€	T€	
500 Umsatzerlöse		3.900							
520 Bestandsveränd.	600								
530 Akt. Eigenleistung.		80							
540 Mieterträge		70							
545 Erträge aus Aufl. WB		40							
546 Erträge aus Abgängen		20							
548 Ertr. a. Herab. Rückst.		35							
571 Zinserträge		30							
600 Rohstoffaufwendung.	900								
602 Hilfsstoffaufwend.	80								
616 Fremdinstandhaltung	30								
620 Löhne	850								
630 Gehälter	500								
Kalkul. Unternehmerlohn									
640 Sozialaufwendungen	270								
652 Abschreibungen	260								
680 Büromaterial	10								
690 Versicherungen	55								
696 Verluste aus Abgang	25								
700 Betriebliche Steuern	90								
751 Zinsaufwendungen	35								
Summen I	3.705	4.175							
Salden	470								
Summen II	4.175	4.175							
Auswirkungen auf	Gesamtergebnis 470 T€		Neutrales Ergebnis				Betriebsergebnis		

Aufgabe 7

a) Ergebnistabelle

Finanz- oder Geschäftsbuchhaltung Rechnungskreis I			Betriebsbuchhaltung Rechnungskreis II					
Erfolgsbereich GuV-Rechnung			Abgrenzungsbereich Neutrales Ergebnis				Kosten- und Leistungsrechnung	
			Unternehmens-bezogene Ab-grenzung		Kostenrechnerische Korrekturen		Betriebsergebnis	
Konto	Aufw. T€	Erträge T€	Aufw. T€	Erträge T€	Betriebli-che Aufw. T€	Verrechne-te Kosten T€	Kosten T€	Leistun-gen T€
500 Umsatzerlöse								
520 Bestandsverände-rung.								
6 u. 7 verschiedene Aufw.								
Kalkulator. Unternehmerl.								
652 Abschreibungen								
751 Zinsaufwendungen								
Summen I								
Salden								
Summen II								
Auswirkungen auf	Gesamtergebnis		Neutrales Ergebnis				Betriebsergebnis	

Aufgabe 9

Finanz- oder Geschäftsbuchhaltung Rechnungskreis I			Betriebsbuchhaltung Rechnungskreis II					
Erfolgsbereich GuV-Rechnung			Abgrenzungsbereich Neutrales Ergebnis				Kosten- und Leistungsrechnung Betriebsergebnis	
			Unternehmensbezogene Abgrenzung		Kostenrechnerische Korrekturen			
Konto	Aufw. €	Erträge €	Aufw. €	Erträge €	Betriebliche Aufw. €	Verrechnete Kosten €	Kosten €	Leistungen €
600 Fertigungsmaterial								
Summen I								
Salden								
Summen II								
Auswirkungen auf	Gesamtergebnis		Neutrales Ergebnis				Betriebsergebnis	

Aufgabe 11

Finanz- oder Geschäftsbuchhaltung Rechnungskreis I			Betriebsbuchhaltung Rechnungskreis II					
Erfolgsbereich GuV-Rechnung			Abgrenzungsbereich Neutrales Ergebnis				Kosten- und Leistungsrechnung	
			Unternehmensbezogene Abgrenzung		Kostenrechnerische Korrekturen		Betriebsergebnis	
Konto	Aufw.	Erträge	Aufw.	Erträge	Betriebliche Aufw.	Verrechnete Kosten	Kosten	Leistungen
	€	€	€	€	€	€	€	€
a) Eintragungen in Jan. bis Mai und Juli bis Dez.								
621 Urlaubsgeld								
b) Eintragungen im Juni								
621 Urlaubsgeld								

Aufgabe 14

	Finanz- oder Geschäftsbuchhaltung Rechnungskreis I			Betriebsbuchhaltung Rechnungskreis II					
	Erfolgsbereich GuV-Rechnung			Abgrenzungsbereich Neutrales Ergebnis				Kosten- und Leistungsrechnung Betriebsergebnis	
				Unternehmensbezogene Abgrenzung		Kostenrechnerische Korrekturen			
Konto	Aufw. €	Erträge €	Aufw. €	Erträge €	Betriebliche Aufw. €	Verrechnete Kosten €	Kosten €	Leistungen €
500 Umsatzerlöse		740.000						
520 Bestandsveränd.		20.000						
546 Erträge aus Abgängen		2.000						
571 Zinserträge		8.000						
600 Rohstoffaufwendung.	220.000							
602 Hilfsstoffaufwend.	56.000							
603 Betriebsstoffaufwend.	8.000							
620 Löhne	180.000							
630 Gehälter	78.000							
640 Sozialaufwendungen	53.900							
652 Abschreibungen	90.000							
670 Mietaufwendungen	15.300							
680 Büromaterial	4.000							
685 Reisekosten	5.000							
690 Versicherungen	3.000							
692 Beiträge zu Wirtsch.	4.800							
700 Betriebliche Steuern	10.000							
751 Zinsaufwendungen	8.000							
Summen I	736.000	770.000						
Salden	34.000							
Summen II	770.000	770.000						
Auswirkungen auf	Gesamtergebnis		Neutrales Ergebnis				Betriebsergebnis	

III. Kostenstellenrechnung

Aufgabe 2

c) Ergebnistabelle

	Finanz- oder Geschäftsbuchhaltung Rechnungskreis I			Betriebsbuchhaltung Rechnungskreis II					
	Erfolgsbereich GuV-Rechnung			Abgrenzungsbereich Neutrales Ergebnis				Kosten- und Leistungsrechnung Betriebsergebnis	
				Unternehmensbezogene Abgrenzung		Kostenrechnerische Korrekturen			
Konto	Aufw. €	Erträge €	Aufw. €	Erträge €	Betriebliche Aufw. €	Verrechnete Kosten €	Kosten €	Leistungen €
500 Umsatzerlöse		840.000						
520 Bestandsmehrungen		9.000						
540 Mieterträge		36.000						
571 Zinserträge		10.000						
600 Rohstoffaufwendung.	152.000							
602 Hilfsstoffaufwend.	26.000							
603 Betriebsstoffaufwend.	14.000							
616 Fremdinstandhaltung	24.000							
620 Fertigungslöhne	220.000							
628 Hilfslöhne	58.000							
630 Gehälter	79.000							
640 Sozialaufwendungen	46.000							
652 Abschreibungen	101.000							
680 Büromaterial	4.000							
690 Versicherungen	2.000							
692 Gebühren u. Beiträge	8.000							
700 Betriebliche Steuern	10.000							
Summen I	744.000	895.000						
Salden	151.000							
Summen II	895.000	895.000						
Auswirkungen auf	Gesamtergebnis		Neutrales Ergebnis				Betriebsergebnis	

d) Betriebsabrechnungsbogen

Kostenarten	Gesamt €	10 Beschaff. €	20 Fertigung €	30 Verwalt. €	40 Vertrieb €
Hilfsstoffaufwendungen	26.000				
Betriebsstoffaufwendungen	14.000				
Fremdinstandhaltung	24.000				
Hilfslöhne	58.000				
Gehälter	79.000				
Sozialkosten	46.000				
Abschreibungen	112.000				
Büromaterial	4.000				
Versicherungsprämien	2.000				
Gebühren und Beiträge	8.000				
Betriebliche Steuern	10.000				
Summen	383.000				
Zuschlagsgrundlagen: Fertigungsmaterial Fertigungslöhne Herstellkosten des Umsatzes		152.000	220.000		
Zuschlagssätze					

Aufgabe 4

a) bis c)

Kostenarten	Betriebsabrechnungsbogen				
	Gesamt €	10 Beschaff. €	20 Fertigung €	30 Verwalt. €	40 Vertrieb €
602 Hilfsstoffaufwendungen	58.000				
603 Betriebsstoffaufwendungen	7.000				
605 Energie	5.420				
616 Fremdinstandhaltung	9.000				
628 Hilfslöhne	40.000				
630 Gehälter	70.000				
640 Sozialkosten	41.000				
Kalkulatorische Abschreibungen	110.000				
670 Mietaufwendungen	10.000				
680 Büromaterial	7.000				
690 Versicherungsprämien	3.000				
692 Gebühren und Beiträge	7.200				
700 Betriebliche Steuern	9.800				
Summen	377.420				
Zuschlagsgrundlagen: Fertigungsmaterial Fertigungslöhne Herstellkosten des Umsatzes		190.000	188.000		
Zuschlagssätze					

Aufgabe 5

a) Betriebsabrechnungsbogen

Kostenarten	gesamt	10 Beschaff.	20 Fertigung	30 Verwalt.	40 Vertrieb
602 Hilfsstoffaufwendungen	56.000				
603 Betriebsstoffaufwendungen	9.000				
628 Hilfslöhne	43.000				
630 Gehälter	78.000				
640 Sozialkosten	48.500				
Kalkulatorische Abschreibungen	117.000				
670 Mietaufwendungen	15.000				
680 Büromaterial	6.500				
690 Versicherungsprämien	1.500				
692 Gebühren und Beiträge	6.000				
700 Betriebliche Steuern	8.000				
Summen	388.500				
Zuschlagsgrundlagen: Fertigungsmaterial Fertigungslöhne Ist-Herstellkosten des Umsatzes Soll-Herstellkosten des Umsatzes		211.600	158.000		
Ist-Zuschlagssätze Soll-Zuschlagssätze					
Verrechnete Gemeinkosten Über- bzw. Unterdeckung					

b) bis e)

Gesamtkostenrechnung für den Abrechnungsmonat					
	Istkosten		Sollkosten		Über- / Unterdeck.
	€	%	€	%	€
Fertigungsmaterial MGK					
Materialkosten					
Fertigungslöhne FGK					
Fertigungskosten					
Heko der Produktion – Bestandsmehrungen + Bestandsminderungen					
Heko des Umsatzes					
VwGK VtGK					
Selbstkosten des Umsatzes					
Nettoverkaufserlöse Umsatzergebnis Kostenüberdeckung					
Betriebsergebnis					

Aufgabe 6

Betriebsabrechnungsbogen

Monat Juli 01

Kt.-o.	Bezeichnung	Gesamt	Pförtner 11	Fuhrpark 12	Energie 13	Summe	Materialbereich 20	Schmiede 31	Dreherei 32	Schloss. 33	Montage 34	Summe	Techn.L. 41	AVO 42	Lehrw. 43	Summe	Verwalt.bereich 50	Vertriebsbereich 60
602	Hilfsstoffaufwendungen	48.000																
603	Betriebsstoffaufwendungen	18.000																
626	Vergütung Auszubildende	12.200																
628	Hilfslöhne	72.000																
630	Gehälter	128.200																
640	Sozialkosten	117.000																
	Kalk. Abschreibungen	175.000																
670	Mietaufwendungen	40.000																
680	Büromaterial	10.500																
690	Versicherungsprämien	4.500																
692	Gebühren u. Beiträge	9.000																
700	Betriebliche Steuern	18.000																
	Summe Primärumlage	652.400																
11	Pförtner																	
12	Fuhrpark																	
13	Energieversorgung																	
41	Technische Leitung																	
42	Arbeitsvorbereitung																	
43	Lehrwerkstatt																	
	Summe Sekundärumlage	652.400	0	0	0	0							0	0	0	0		
600	Fertigungsmaterial	300.000					300.000											
620	Fertigungslöhne	193.000						50.000	48.000	62.000	33.000	193.000						
	Ist-Heko des Umsatzes																	
	Soll-Heko des Umsatzes																	
	Ist-Zuschlagssätze																	
	Soll-Zuschlagssätze																	
	Verrechnete Gemeinkosten																	
	Über- bzw. Unterdeckung																	

f) Gesamtkostenrechnung für den Abrechnungsmonat

	Istkosten		Sollkosten		Über- / Unterdeck.
	€	%	€	%	€
Fertigungsmaterial MGK				15 %	
Materialkosten					
FL Schmiede FGK Schmiede				260 %	
FL Dreherei FGK Dreherei				300 %	
FL Schlosserei FGK Schlosserei				220 %	
FL Montage FGK Montage				180 %	
Fertigungskosten					
Heko der Produktion – Bestandsmehrungen					
Heko des Umsatzes					
VwGK VtGK				7,00 % 5,00 %	
Selbstkosten des Umsatzes					
500 Nettoverkaufserlöse Umsatzergebnis Kostenunterdeckung					
Betriebsergebnis					

IV. Kostenträgerrechnung

Aufgabe 3

a) bis d)

Kostengruppen	Insgesamt					Maschinen	Apparate	Waggons
	Istkosten		Sollkosten		Abweichung			
	€	%	€	%	€	€	€	€
Fertigungsmaterial								
MGK								
Fertigungslöhne								
FGK								
Heko der Produktion								
Heko der Produktion								
– Mehrbestand								
+ Minderbestand								
Heko des Umsatzes								
VwGK								
VtGK								
Selbstkosten des Umsatzes								
Verkaufserlöse								
Umsatzergebnis								
Abweichungen								
Betriebsergebnis								

Aufgabe 10

a) Kalkulationen zur Eigenfertigung

	Kalkulation A	Kalkulation B	Kalkulation C
Fertigungsmaterial			
10 % MGK			
FL Schmiede			
250 % FGK Schmiede			
FL Schlosserei			
200 % FGK Schlosserei			
FL Montage			
200 % FGK Montage			
Herstellkosten			
8 % VwGK			
20 % VtGK			
Selbstkosten			
Angebot der Maschinenbau AG			
Kostenvorteil bei Eigenfertigung			

Aufgabe 11

a) BAB einschließlich der Kostenüber- und -unterdeckungen

Ermittlung der Herstellkosten

	Istkosten		Sollkosten		Abweich.
	%	€	%	€	€
Fertigungsmaterial					
MGK					
Materialkosten					
FL Schmiede					
FGK Schmiede					
FL Dreherei					
FGK Dreherei					
FL Schlosserei					
FGK Schlosserei					
FL Montage					
FGK Montage					
Fertigungskosten					
Heko der Produktion					
− Mehrbestand unfertige Erzeugn.					
+ Minderbestand fertige Erzeugn.					
Heko des Umsatzes					

Betriebsabrechnungsbogen

Monat Juli 01

Kto.	Bezeichnung	Gesamt	Allgemeiner Bereich Pförtner 11	Fuhr-park 12	Energie 13	Summe	Materi-albe-reich 20	Schmie-de 31	Drehe-rei 32	Schloss. 33	Monta-ge 34	Summe	Techn.L. 41	AVO 42	Lehrw. 43	Summe	Verwalt.-bereich 50	Vertriebs-bereich 60
602	Hilfsstoffaufwendungen	48.000																
603	Betriebsstoffaufwendungen	18.000																
626	Vergütung Auszubildende	12.200																
628	Hilfslöhne	72.000																
630	Gehälter	129.800																
640	Sozialkosten	86.520																
	Kalk. Abschreibungen	196.000																
670	Mietaufwendungen	48.000																
680	Büromaterial	8.500																
690	Versicherungsprämien	5.700																
692	Gebühren u. Beiträge	9.000																
700	Betriebliche Steuern	18.000																
	Summe Primärumlage	651.720																
11	Pförtner																	
12	Fuhrpark																	
13	Energieversorgung																	
41	Technische Leitung																	
42	Arbeitsvorbereitung																	
43	Lehrwerkstatt																	
	Summe Sekundärumlage	651.720	0	0	0	0							0	0	0	0		
600	Fertigungsmaterial	320.600					320.600					320.600						
620	Fertigungslöhne	198.000						47.200	49.600	68.200	33.000	198.000						
	Ist-Heko des Umsatzes																	
	Soll-Heko des Umsatzes																	
	Ist-Zuschlagssätze																	
	Soll-Zuschlagssätze																	
	Verrechnete Gemeinkosten																	
	Über- bzw. Unterdeckung																	

b) Kostenträgerzeitrechnung

	Verrechnete Sollkosten			
			Erzeugnisgruppen	
	insgesamt		Maschinenbau	Anlagenbau
	%	€	€	€
Fertigungsmaterial				
MGK				
Materialkosten				
FL Schmiede				
FGK Schmiede				
FL Dreherei				
FGK Dreherei				
FL Schlosserei				
FGK Schlosserei				
FL Montage				
FGK Montage				
Fertigungskosten				
Herstellkosten der Produktion				
Mehrbestand unfertige Erzeugnisse				
Minderbestand fertige Erzeugnisse				
Herstellkosten des Umsatzes				
VwGK				
VtGK				
Selbstkosten des Umsatzes				
Verkaufserlöse				
Umsatzergebnis nach Produkten				
+ Überdeckung lt. BAB I				
Betriebsergebnis				

c) Kostenträgerstückrechnung

Nachkalkulation Auftrag Nr. 1317	%	€
Fertigungsmaterial		
MGK		
Materialkosten		
FL Schmiede		
FGK Schmiede		
FL Dreherei		
FGK Dreherei		
FL Schlosserei		
FGK Schlosserei		
FL Montage		
FGK Montage		
Fertigungskosten		
Herstellkosten		
VwGK		
VtGK		
Selbstkosten		
Umsatzerlös		
Auftragsergebnis		

ARBEITSBLATT

Aufgabe 15

		Kosten Stufe I €	Kosten Stufe II €	Summe Selbstkosten €	Selbst- kosten €/t
Zwischenprodukt	1.000 t				
Endprodukt	2.000 t				

ARBEITSBLATT

Aufgabe 16

Sorte	Menge t	Äquivalenz- ziffern	Rechnungs- einheiten	Selbstkosten €/t	Selbstkosten gesamt €
I	5.000				
II	3.000				
III	2.000				
	10.000				

ARBEITSBLATT

Aufgabe 17

Sorte	Menge l	Äquivalenzziffer	Rechnungseinheit (Spalte 2 x Spalte 3)	Kosten je l in €	Selbstkosten je Sorte in € (Spalte 2 × Spalte 5)
1	2	3	4	5	6
A	2.000				
B	2.000				
C	1.200				
D	1.000				

ARBEITSBLATT

Aufgabe 18

a) Ermittlung der Materialkosten je Sorte

Sorte	Menge Stück	Äquivalenzziffer	Rechnungseinheit (Spalte 2 x Spalte 3)	Materialkosten je Stück in €	Materialkosten je Sorte in € (Spalte 2 × Spalte 5)
1	2	3	4	5	6
A	500				
B	400				
C	600				
D	200				

b) Ermittlung der sonstigen Kosten je Sorte

Sorte	Menge Stück	Äquivalenzziffer	Rechnungseinheit (Spalte 2 x Spalte 3)	Sonstige Kosten je Stück in €	Sonst. Kosten je Sorte in € (Spalte 2 × Spalte 5)
1	2	3	4	5	6
A	500				
B	400				
C	600				
D	200				

V. Kalkulation im Handel

ARBEITSBLATT

Aufgabe 2

b) Ermittlung des Listenverkaufspreises

	%	%	€
Bezugspreis (netto ohne USt) + Handlungskosten			
= Selbstkosten + Gewinn			
= Barverkaufspreis + Kundenskonto			
= Zielverkaufspreis + Kundenrabatt			
= Listenverkaufspreis (netto ohne USt)			

ARBEITSBLATT

Aufgabe 3

a) Ermittlung des Bezugspreises bei vorgegebenem Verkaufspreis

	%	%	€
Listenverkaufspreis (netto ohne USt) − Kundenrabatt	100 5		140,00 7,00
= Zielverkaufspreis − Kundenskonto		100 3	133,00 3,99
= Barverkaufspreis − Gewinn	110 10		129,01 11,73
= Selbstkosten − Handlungskosten	100	121 21	117,28 20,35
= Bezugspreis − Bezugskosten		100	96,93 2,00
= Bareinkaufspreis + Liefererskonto	97 3		94,93 2,94
= Zieleinkaufspreis + Liefererrabatt	100	95 5	97,87 5,15
= Listeneinkaufspreis (netto ohne USt)		100	103,02

VII. Teilkostenrechnung

ARBEITSBLATT

Aufgabe 2

gefertigte Stückzahl	1.000	3.000	8.000
Kalkulation je Stück	€	€	€
Erlös – variable Kosten			
= Deckungsbeitrag – fixe Kosten			
= Gewinn je Stück			
Gesamtkalkulation	€	€	€
Erlös – variable Kosten			
= Deckungsbeitrag – fixe Kosten			
= Gewinn gesamt			

ARBEITSBLATT

Aufgabe 12

gefertigte Stückzahl	1	1	7.500	9.500
Einzelpreis				
Verkaufserlöse – variable Kosten				
= Deckungsbeitrag – fixe Kosten				
= Gewinn gesamt				
Mehrgewinn trotz Preissenkung				
Gewinn je Stück				

Aufgabe 13

gefertigte Stückzahl	1	1	7.500	9.500
Einzelpreis				
Verkaufserlöse – variable Kosten				
= Deckungsbeitrag – fixe Kosten				
= Gewinn gesamt				
Mehrgewinn trotz Preissenkung				
Gewinn je Stück				

Aufgabe 22

b) Relativer Deckungsbeitrag:

Produkt	DB je Stück	Engpasszeit je Stück	Stückzahl je Stunde	relativer DB
1				
2				
3				

Gefertigt werden sollen:

von Produkt	Stück	Engpass-zeit/Stück	Minuten	Stunden
1				
2				
3				
Gesamt				

Aufgabe 23

a)

Produkt	DB je Produkt €	Fertigungszeit im Engpass Min.	Stück je Std.	relativer DB €	max. Stückzahl	Arbeits-Std. insgesamt
1						
2						
3						
4						

Aufgabe 24

Eigenbau

	Gesamtkalkulation				Stückkalkulation	
	%	Vollkosten €	%	variable Kosten €	Vollkosten €	variable Kosten €
FM						
MGK						
FL						
FGK						
Heko						
VwGK						
VtGK						
Gesamtkosten für die Vorrichtung						

Aufgabe 25

	A €	B €	A + B €
Umsatzerlöse			
– variable Kosten			
= Deckungsbeitrag I			
– Erzeugnisfixkosten			
= Deckungsbeitrag II			
– Unternehmensfixkosten			
= Betriebsergebnis			

Aufgabe 26

Produkte	A €	B €	C €	D €	E €
Umsatzerlöse					
– variable Kosten					
= Deckungsbeitrag I					
– Erzeugnisfixkosten					
= Deckungsbeitrag II					
– Erzeugnisgruppenfixkosten					
= Deckungsbeitrag III					
– Bereichsfixkosten					
= Deckungsbeitrag IV					
– Unternehmensfixkosten					
= Betriebsergebnis					

Aufgabe 28

1	Verhält-nis	Stück	Preis pro Stück €	Wertung (Spalte 2 x Spalte 3)	proport. Kosten gesamt €	proport. Kosten Stück €	DB je Stück €	Deckungsbeitrag gesamt €
1	2	3	4	5	6	7	8	9
A								
B								
C								
Summe der Deckungsbeiträge								
− fixe Kosten								
= Betriebsgewinn								

IX. Rechnen mit Maschinenstundensätzen

ARBEITSBLATT

Aufgabe 3

a) Errechnung des Maschinenstundensatzes

	gesamt €	fix €	variabel €
Werkzeugkosten			
Energie			
Wartung und Instandhaltung			
Kalkulatorische Abschreibung			
Kalkulatorische Zinsen			
Kalkulatorische Miete			
Summen			

fixe Kosten		
+ variable Kosten		
= Maschinenstundensatz		

ARBEITSBLATT

Aufgabe 4

Ermittlung der Maschinenlaufzeit

52 Wochen à 38 Arbeitsstunden		
Ausfall wegen Krankheit		
12 Feiertage à 7,6 Std.		
Ausfall wegen Urlaub		
Maschinenpflege		
Generalüberholung		
Geplante Laufzeit jährlich		
Geplante Laufzeit monatlich im Durchschnitt		

Ermittlung der monatlichen maschinenabhängigen Kosten

Kostenart	gesamt €	fix €	variabel €
Werkzeugkosten			
Energie			
Wartung und Instandhaltung			
Kalkulatorische Abschreibung			
Kalkulatorische Zinsen			
Miete			
gesamt			

X. Prozesskostenrechnung

ARBEITSBLATT

Aufgabe 6

TP	Prozessgröße (Cost Driver)	Menge	Kosten €	Prozesskosten-satz (= 4 : 3)	Prozesskosten-satz einschl. lmn
1	2	3	4	5	6
TP1	Anforderungen				
TP2	Bestellungen				
TP3	Bestellungen				
TP4	Lieferungen				
	Summe				
TP5	leistungsmengenneutral				

ARBEITSBLATT

Aufgabe 7

Ermittlung der Teilprozesskostensätze für KSt. 4711 Qualitätsmanagement								
Teilprozesse	Cost-Driver		Mitarbeiterbe-darf		Teilprozesskosten €		Teilprozesskosten-satz €	
Bezeichnung	Art	Menge	MJ	lmi	lmn	gesamt	lmi	gesamt
1	2	3	4	5	6	7	8	9
Prüfpläne ändern	Produktände-rungen							
Produktqualität prüfen	gefertigte Stückzahl							
Dokumentation fortschreiben	Verfahrens-anweisungen							
Teilnahme an Qualitätszirkeln								
Abteilung leiten								
Gesamt								

XI. Zielkostenrechnung

Aufgabe 2

a) Beitrag der Komponenten zum Gesamtkundennutzen

Komponente	F1	F2	F3	F4	Summe
K1					
K2					
K3					
K4					
K5					
Summe					

b) Ermittlung des Zielkostenindex und Interpretation

Komponente	Kundennutzen	Kostenanteil der Komponenten	Zielkostenindex
K1			
K2			
K3			
K4			
K5			
	100,00 %	100 %	

c) Ermittlung der Einsparungsmöglichkeiten

Komponente	vorläufige Selbstkosten €	Kundennutzen %	Zielkosten €	Über- bzw. Unterdeckung %
K1				
K2				
K3				
K4				
K5				
Summe				

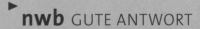